기독교문서선교회(Christian Literature Center: 약칭 CLC)는 1941년 영국 콜체스터에서 켄 아담스에 의해 시작되었으며 국제 본부는 미국 필라델피아에 있습니다.
국제 CLC는 59개 나라에서 180개의 본부를 두고, 약 650여 명의 선교사들이 이동 도서차량 40대를 이용하여 문서 보급에 힘쓰고 있으며 이메일 주문을 통해 130여 국으로 책을 공급하고 있습니다. 한국 CLC는 청교도적 복음주의 신학과 신앙 서적을 출판하는 문서선교기관으로서, 한 영혼이라도 구원되길 소망하면서 주님이 오시는 그날까지 최선을 다할 것입니다.

추천사 1

박 덕 기
송정중앙교회 원로목사

 저자는 엘리트 법학도 출신으로서 한때 정계에 진출해 이 땅에 정의 사회 구현을 실현해 보고자 하는 강한 비전도 있었으나, 하나님의 부르심을 받아 주님의 종의 길을 걷고 있는 목회자입니다. 많은 주의 종이 선망하는 서울의 중형교회에서 청빙도 있었지만, 자신은 너무 부족하다고 고사하고, 조그만 시골교회를 담임하고 있는 아직 때묻지 않은 순수한 목회자이기도 합니다.
 저자는 복음 전도자로서 대사회적인 책임에 대한 또 다른 사명 의식으로 이 책을 저술했고, 그의 착하고 순하디 순한 성품처럼 신앙적으로 또는 정치적으로 치우치지 않는 중도적인 입장에서 집필한 글이기 때문에 편견 없는 건강한 신앙과 양식의 소유자가 되기를 바라는 그리스도인에게 많은 유익이 있으리라 믿어 일독을 권합니다.

추천사 2

한 의 수
전 기독대학인회(ESF) 대표, 문흥장로교회 원로목사

사회 정의에 대해 심각하게 고민하는 선지자가 있었으니 바로 하박국 선지자입니다. 그는 심각하게 고민했습니다.

"의로우신 하나님께서 왜 불의가 판치는 세상을 내버려두고 계신가?"

하박국 선지자와 같은 사람이 현대 한국에 있었으니 바로 박훈 목사입니다. 그는 깨끗한 양심을 가진 목사요, 법을 전공한 애국자로서 하박국 선지자와 같이 시대적 고뇌에 가득 차 있었습니다. 복음을 받은 진실한 크리스천으로서 복음의 핵심 진리를 외면할 수 없었습니다. 복음 진리를 깨닫고 참구원과 자유를 얻은 그는 성경의 진리가 창조주 하나님의 절대적 진리임을 확신했습니다. 누구 못지않게 복음 진리를 위해 헌신했습니다. 신학 공부를 하고 목사 직분을 받고 교회에서 헌신했습니다. 그러나 마음 한구석에 한국 정치의 답답함과 헌법에 보장된 국민 기본권과 사회 정의가 유린된 것에 대한 의로운 분노가 사라지지 않았습니다.

"대한민국의 주권은 국민에게 있고, 모든 권력은 국민에게서 나온다."

그는 헌법에서 이처럼 명확하게 말하고 있는데 왜 많은 법조인과 정치가는 헌법을 외면하고 있는지에 대한 의로운 분노를 가지고 있었습니다. 그는 감정적으로 화염병을 던지는 것이 아니라 성경의 정의로운 외침과 헌법의 외침을 가슴에 담아 현대 대한민국 국민이 어떻게 생각하고 행동해야 하는지를 『복음과 헌법 & 사회 참여』 책에 담아 외치고 있습니다. 성경과 헌법에서 말하고 있는 사회 정의를 원칙만 제시하는 것이 아니라 구체적인 대안까지 제시하고 있습니다.

  이 책을 통해 대한민국 사회가 복음 은혜로 가득 차고 정의로운 나라가 되기를 소망해 봅니다.

추천사 3

김연준
기독대학인회(ESF) 이사, 변호사

저자 박훈 목사님의 책은 성경과 법, 사회를 아우르는 통찰력을 갖게 해 줍니다. 신학과 사회를 성경과 법학에 근거해 하나님의 섭리와 사회의 이치를 이해할 수 있도록 논리정연하게 잘 설명해 주고 있습니다.

이 책은 기본적인 신앙, 법학, 사회 현상뿐 아니라 최근에 발생한 사회 이슈에 대해 신학적으로 법학적으로 분석해야 할 방향성이 무엇인지를 신학과 법학의 관점을 통해 제시했다는 점에서 의미가 있습니다.

또한, 이 책은 평소 사회 현상 등에 대해 의문을 갖고 고민했던 문제를 신학과 법학을 잘 접목해 명쾌하게 설명해 줌과 동시에 그 근본적인 해결책을 정확하게 제시해 주고 있다는 점에서 다른 서적에서는 찾아볼 수 없는 내용이 담겨 있습니다. 이는 신학과 법학 양쪽 분야를 오랫동안 연구하여 갖게 된 식견, 통찰력을 겸비한 저자이기에 이와 같은 조예 깊은 서적을 집필할 수 있었다는 생각이 듭니다.

신학을 하게 된다면 사회적 문제를 등한시할 수 있으나 저자는 본 서적을 통해 사회 현상에 대한 지속적인 관심을 가진 결과 신학과 법학을 통한 이론 근거를 바탕으로 그 원인 및 해결책을 일목요연하게 잘 정리했을 뿐만 아니라 하나님의 통치 및 이 세상에 사는 성도가 하나님 나라를 실현하는 실천적인 방법을 알기 쉽고 간명하게 기술하고 있습니다.

　신앙인으로서 사회생활을 하다가 발생하는 사회 현상에 대해 의문이 들거나 또는 정치적인 관심이 있거나 그에 대한 확신이나 이론적 토대가 필요한 분들에게 본서가 많은 도움을 가져다줄 것으로 기대됩니다. 또한, 기독교에 관한 지식이 없는 분들도 신앙뿐 아니라 사회를 올바르게 바라볼 수 있는 눈을 갖게 해 줄 수 있는 더없이 좋은 지침서라고 생각합니다.

　저자 박훈 목사님은 대학 시절 저를 전도허 예수님을 믿도록 도와준 고마운 형님입니다. 저자는 대학교 재학 시 믿음이 뜨거워서 기도할 때면 온 동네가 형님의 기도 소리로 울려 퍼졌으며 법학과 시험 시 매번 우수한 성적을 거두었을 정도로 법학에 조예가 깊었는데 향후 신학을 전공하며 더욱 영성과 지성이 더해져 결국 이 책을 통해 유감없이 발휘했다는 것을 느낄 수 있었습니다.

　앞으로도 하나님 나라를 이루는데 더욱 많은 쓰임을 받으시길 바라면서 이 책이 나침반으로서 한 알의 밀알과 소금이 되길 소망합니다.

추천사 4

한 요 셉
한국개발연구원, KDI 연구위원

    박훈 목사님의 『복음과 헌법 & 사회 참여』는 신앙인의 삶과 사회 참여라는 길고도 복잡한 이야기를 '법'이라는 독특한 소재를 가지고 알기 쉽게 풀어 설명합니다. 어두운 시대 가운데 한 손에는 성경을 한 손에는 법학책을 들고 분투하던 한 젊은 크리스천 법학도의 치열한 고민은 하나님의 부르심을 따라 목회의 현장에서 성도들과 부대끼는 가운데 생기와 감화력이 있는 믿음의 글로 정리되었습니다.
    신앙인의 삶과 사회 참여에 관한 목회적 가르침은 그 자체로서 유익하며, 특히 헌법을 중심으로 한 사회적 구성원리에 대해 성경적 관점에서 풀어 설명하고 있어 더욱 유익합니다.
    현재 우리나라 헌법과 그 배경이 되는 여러 사상이 대부분 성경적 세계관과 인간관에 기초하고 있다는 사실을 알려 줍니다. 헌법을 비롯한 여러 법조문의 의미를 해석하면서 신앙에 따른 삶과 어떻게 연결될 수 있는지도 친절하게 알려 줍니다. 신앙인의 삶과 사회 참여에 대해 고민하는 분들께 일독을 적극 권하고 싶습니다.

추천사 5

정 남 익
효성중공업 부장, 부암감리교회 집사

  그리스도인은 사람들의 영혼이 잘되고 또 범사에도 잘되도록 해야 하는 사명이 있는데 어떻게 하면 잘할 수 있을지 좋은 선택을 할 수 있을지 그런 고민을 하게 하는 유익한 책입니다. 법학과 신학을 모두 공부하신 목사님의 지혜를 같이 나누는 시간이 될 것 같습니다.

추천사 6

안 재 홍
현대건설 부장, 문흥장로교회 장로

  한국 교회의 위기를 말하는 사람이 많습니다.
  아마 교회가 사회 문제에는 도외시하고 개인 구원에만 집중했기 때문이지 않을까요?
  코로나19 이후 기독교인 수는 급감하고 있고 젊은이들이 교회를 떠나고 있는 실정입니다. 그런데 세상을 새롭게 바라보는 어느 한 목사님의 시선에 깜짝 놀랐습니다.
  '아니 목사님이?'
  그 목사님은 박훈 목사, 명문대 법학도였습니다. 어쩐지 법을 통해 사회 문제에 관심을 두고 참여를 부르짖는 그의 글에 깊은 공감을 했습니다. 박훈 목사의 『복음과 헌법 & 사회 참여』는 시대를 향해 부르짖는 선지자 예레미야를 연상하게 했습니다. 하나님 나라를 소망하는 많은 사람이 이 책을 꼭 읽어보았으면 합니다.

복음과 헌법 & 사회 참여

Gospel, Constitution and Social Participation
Written by PARK HOON
All rights reserved.
Korean Edition Copyright ⓒ 2024 by Christian Literature Center, Seoul, Korea.

복음과 헌법 & 사회 참여

2024년 4월 25일 초판 발행

지 은 이	|	박훈
편　　집	|	추미현
디 자 인	|	박성준, 서민정, 이보래, 김현미
펴 낸 곳	|	(사)기독교문서선교회
등　　록	|	제16-25호(1980. 1. 18.)
주　　소	|	서울특별시 동대문구 천호대로71길 39
전　　화	|	02-586-8761~3(본사) 031-942-8761(영업부)
팩　　스	|	02-523-0131(본사) 031-942-8763(영업부)
이 메 일	|	clckor@gmail.com
홈페이지	|	www.clcbook.com
송금계좌	|	기업은행 073-000308-04-020 (사)기독교문서선교회
일련번호	|	2024-46

ISBN 978-89-341-2684-3 (03230)

이 책의 저작권은 저자와 (사)기독교문서선교회가 소유합니다.
신저작권법에 의하여 한국 내에서 보호받는 저작물이므로 무단 전재와 무단 복제를 금합니다.

복음과 헌법
& 사회 참여

박훈 지음

CLC

목차

추천자 1 **박덕기** | 송정중앙교회 원로목사   1
추천자 2 **한의수** | 전 기독대학인회(ESF) 대표, 문흥장로교회 원로목사   2
추천자 3 **김연준** | 기독대학인회(ESF) 이사, 변호사   5
추천자 4 **한요셉** | 한국개발연구원, KDI 연구위원   6
추천자 5 **정남익** | 효성중공업 부장, 부암감리교회 집사   7
추천자 6 **안재홍** | 현대건설 부장, 문흥장로교회 장로   8

프롤로그   15

PART 1 하나님 나라 운동의 실천   21

1. 국민이 행복한 사회를 위하여   22
2. 하나님 뜻과 하나님 나라의 실천   25
3. 하나님을 보고 진을 치라   32
4. 성경과 헌법의 관계(關係)   34
5. 복음과 구원의 은혜에 의한 사회 참여   39
6. 역사의 주체   43

PART 2 은혜로운 구원의 복음   46

1. 구원의 은혜   48
2. 하나님의 은혜로 의롭게 됨   52
3. '하나님의 나라에 들어감'의 중요성   58

PART 3 하나님의 축복과 경제 성장   65

1. 민주화 운동 시기의 한국 교회와 축복   67
2. 우리나라의 국익이 우선되는 민족주의의 타당성   70
3. 하나님을 만남으로 인한 영적이고 육적인 축복   72
4. 직업과 물질의 축복   76
5. 가난한 자를 돌보는 자의 축복   81

PART 4 하나님의 공의에 기반한 사회개혁   85

1. 개혁신앙에 바탕을 둔 사회개혁   86
2. 대한민국 헌법과 중도주의 정치관   88
3. 진리 되신 예수 그리스도와 변함없는 하나님의 말씀   94
4. 하나님의 나라와 같은 사회   96
5. 파수꾼의 사명(복음의 증거와 사회 참여의 나팔을 불어라)   100
6. 진정한 왕, 나의 하나님   108
7. 생명이 살아 숨쉬는 법   114
8. 사회를 개혁하는 길   118
9. 하나님의 통치   123
10. 성경과 시민 사회의 친화력   128
11. 일어나 빛을 발하라   130
12. 세상의 소금과 빛   137
13. 하나님 나라의 시민, 세상 나라의 시민   145
14. 민족을 세우시고 주관하시는 하나님   150

PART 5 복음 증거의 삶   156

1. 예수 그리스도의 고통   157
2. 포도나무이신 예수 그리스도   163
3. 복음 전파의 목적   167
4. 성령님께서 시키시는 일   170
5. 하나님 말씀 전파의 사명자   175

PART 6 시대적인 단상 – 사회 참여의 실제적인 적용   179

1. 홍범도 장군에 대한 진실   180
2. 국제평화주의   184
3. 그리스도인의 사회관   188
4. 선한 사마리아인법   190
5. 후쿠시마 원전 오염수에 대한 대책   194

에필로그   198

프롤로그

저는 청운의 꿈을 품고 대학에서 법학을 공부했습니다. 그 시대는 사회적으로 격동기였고, 민주화로 넘어가고 있는 시기였습니다. 저는 한양대학교 법과대학을 우등생으로 졸업하고 사법시험에 정진했지만, 뜻한 바를 이루지 못했습니다.

대학 시절에 저는 한양대학교 기독대학인회(ESF)에서 복음을 처음 접하고 구원을 받았습니다. 물론, 그 이전에 초등학교, 고등학교 시절에 교회 주일학교에 다녔지만 예수 그리스도를 인격적으로 만나지 못했습니다.

저는 기독대학인회(ESF)를 통해 변화를 받고 개혁 신앙을 갖게 되었습니다. 그리고 보수신앙을 바탕으로 한 사회 운동에도 참여했습니다. 공부와 학생 복음 운동에 최선을 다했습니다. 민주화 운동을 하고 화염병을 던지는 친구들을 보면서 그들과 함께하는 일은 할 수 없었지만, 저 나름대로 복음을 통한 변화와 사회개혁을 꿈꾸면서 살았습니다. 성경 말씀을 사람들에게 가르치고 그것을 통해 변화를 일으키는 학생 복음 운동이 이 시대의 참소망과 대안이라고 생각했습니다.

그리고 현실적으로 우리 기독대학인회 한 형제가 한양대학교 총학생회 회장 선거에 출마했습니다. 그러나 민족민주주의(NL)와 민중민주주의(PD) 등 운동권 세력에 밀려 중도(中途) 사퇴를 하고 말았습니다.

제가 복음과 사회 참여하는 삶에 대해 확신을 가진 계기가 된 일은 1991년 한국 기독대학인회(ESF) 서울지구 연합 수양회에서 〈복음과 선교 그리고 사회적인 영향력〉에 대해 발표하면서 그것이 평생 저의 비전이 되어 견인차와 같은 역할을 하게 되었습니다.

> 너희는 이 세대를 본받지 말고 … 하나님의 선하시고 기뻐하시고 온전하신 뜻이 무엇인지 분별하도록 하라(롬 12:2).

사도 바울은 구원론에 대해 전개한 후 구원을 바탕으로 한 기독교 윤리와 사회 참여에 대해 말씀하고 있습니다.

존 스토트 목사님은 『현대사회 문제와 기독교적인 답변』이라는 책에서 그리스도인이 해야 할 사명에 대해 복음의 증거와 함께 사회 참여를 강조하고 있습니다. 그만큼 복음 증거 못지않게 중요한 일이 사회에 어떻게 참여하는지의 문제라고 할 수 있습니다.

오랜 세월 평신도로서 그리고 목회자로서 구원과 예배 그리고 복음 증거와 사회 참여에 대해 말씀도 전하고 숙고해 보았습니다. 이 책은 그 고민의 흔적이라고 할 수 있습니다. 우리가 믿음의 백성, 그리스도인으로서 가장 중요한 일은 하나님께 예배드리는 일입니다. 신자에게 있어서 예배는 참으로 중요합니다.

우리는 주님께서 십자가상에서 보혈의 피를 흘려 우리를 구원해 주신 은혜에 감사하며 자원하여 하나님께 예배드립니다. 예배드린 사람에게 하나님께서는 놀라운 복을 허락해 주셨습니다. 아브라함, 이삭, 야곱, 모세, 다윗 등 셀 수 없는 믿음의 선조가 증명해 주고 있습니다.

제가 이 책을 쓴 목적은 그동안 공부해 온 지식을 정리해 한국 교회와 사회에 조금이나마 보탬이 되기 위함입니다. 기독교인인 우리가 예배와 구원 그리고 사회 참여의 영역에서 하나님의 영광을 위해 노력하는 삶을 함께 살았으면 하는 마음을 담았습니다.

그뿐만 아니라 저는 개신교 목사로서 인간에게는 구원이 필요하다는 것을 실감하고 있습니다. 저 역시 구원받은 신자임을 전제하고 구원과 복음 그리고 사회적 삶에 대해 함께 논의하고자 하는 마음으로 이 책을 썼습니다.

그리스도인 특히 교회와 선교단체에서 훈련받은 청년이 사회에 참여할 때 정치의 영역에서 어느 입장에 서야 하는지 고민이 됩니다. 저 역시 이러한 고민을 30년 동안 했습니다. 이것은 하나님의 나라와 사회 참여의 문제입니다. 많은 책을 읽어 보면서 저는 하나님의 뜻이 현실 사회에 이루어지는 것에 대해 진보, 중도, 보수 모두의 영역에 있다는 사실을 발견하게 되었습니다.

그런데 개혁주의자가 정치에 참여하는 것은 중도가 타당하다는 결론을 얻게 되었습니다. 이러한 결론을 바탕으로 교회와 선교단체가 서로 연합해 하나님의 나라를 이 땅에 이루었으면 하는 바람이 있습니다.

지금 우리 사회는 민주화되어 있고 먹고사는 문제가 그렇게 어렵지 않게 해결이 되고 있습니다. 그래도 아직은 먹는 문제의 해결이 필요합니다. 그래서 가난한 우리나라의 어린이나 소년 소녀 가장, 극빈자층뿐만 아니라 세계의 사람들의 먹고사는 문제의 해결이 필요합니다.

저는 신학과 법학, 사회학, 정치학을 통해 사람들에게 기쁨을 주고자 이렇게 책을 출판하게 되었습니다.

막상 책을 내려고 하니 심히 부끄럽습니다. 다만 이런 종류의 출간된 책을 찾아볼 수 없다는 것을 위안 삼고 또한 이 책을 통해 사상을 함께 공유하고 즐거워하는 독자가 있다는 것으로 만족하며 부족한 책을 세상에 내보내고자 합니다.

저는 이 책을 쓰면서 신학, 법학, 정치학, 사회학, 경제학 등 많은 책을 참고했습니다. 일일이 참고문헌을 밝히지 않고 두루뭉술하게 기술을 한 점을 양해 부탁드립니다.

또한, 책을 쓰는데 많은 분의 도움을 받았습니다. 한양대학교 기독대학인회 간사님이신 채미자 간사님, 김희순 간사님 그리고 김승혁 형님(광주 예향교회 집사, 한양대학교 법과대학 선배), 사랑하는 한양대학교 법과대학 사회과학대학 후배들 및 기독대학인회 형제들인 김연준 변호사님, 정남익 효성중공업 부장님 그리고 미국 University of Houston Clare-Lake 대학 이세형 정치학 부교수님 또 박상홍 집사님(서울 오륜교회, 기독대학인회 선배)의 도움을 받았습니다.

그리고 전남대학교 기독대학인회 한의수 문흥장로교회 원로목사님, 안재홍 장로님(문흥장로교회, 현대건설 부장), 정일선 선생님(광주 서현교회, 광주숭일고 교사), 최하영 안수집사님(광주동산교회, 첨단종합병원 진단의학과장), 광주 운남행복교회 이정인 담임목사님, 광주 송정중앙교회 박덕기 원로목사님, 진도사랑의교회 윤재영 목사님 그리고 저의 아내의 많은 조언과 도움을 받았습니다.

또한, 제 이름을 연상케 하는 책 속의 그림을 멋지게 그려 주신 김현우 집사님(광주 동명교회)의 도움이 있었습니다. 모든 분에게 감사의 마음을 전합니다. 그리고 졸저(拙著)의 글을 흔쾌히 출간해 주신 기독교문서선교회(CLC) 박영호 사장님을 비롯해 여러 관계자분께 감사드립니다.

마지막으로 평생 자식을 위해 온몸을 희생해서 뒷바라지해 주신 저의 어머니 백점례 권사님께 지면으로나마 감사드립니다. 그리고 하늘나라 하나님 아버지 품에서 평안히 안식을 누리고 계실 아버지께도 공로를 돌리며 이 책을 쓸 수 있도록 힘주시고 지혜를 주신 가장 소중하고 중요하신 우리 하나님 아버지께 영광을 돌립니다.

하늘에 있는 것이나 땅에 있는 것이 다 그리스도 안에서 통일되게 하려 하심이라 (엡 1:10).

너희는 이 세대를 본받지 말고 오직 마음을 새롭게 함으로 변화를 받아 하나님의 선하시고 기뻐하시고 온전하신 뜻이 무엇인지 분별하도록 하라(롬 12:2).

<백련마을 팝콘목사> 김현우 作

PART 1

하나님 나라 운동의 실천

1. 국민이 행복한 사회를 위하여
2. 하나님 뜻과 하나님 나라의 실천
3. 하나님을 보고 진을 치라
4. 성경과 헌법의 관계(關係)
5. 복음과 구원의 은혜에 의한 사회 참여
6. 역사의 주체

1. 국민이 행복한 사회를 위하여

사람은 저마다 행복한 삶을 살기 원할 것입니다. 하나님께서도 세상을 만드실 때 인간이 생육하고 번성하여 행복하기를 원하셨습니다. 그러나 인간의 본성과 자유의지는 하나님의 뜻과는 전혀 무관한 방향으로 나아가고 말았습니다.

진정으로 인간이 행복해지는 길은 삶에 있어서 먼저 육체적인 만족이 선행되어야 한다고 볼 수 있습니다. 사실 에덴동산에서는 먹을 것이 풍부했습니다. 먹고사는 문제에 대해 고민을 하지 않았습니다. 주위에 널려 있는 것이 과일이었습니다.

이스라엘 백성은 광야의 생활 기간에 하나님께 먹을 것을 달라고 불평했습니다. 하나님께서는 이스라엘 백성에게 만나와 메추라기로 배불리 먹이셨습니다. 그들에게 먹을 것을 주신 분은 하나님이셨습니다. 최첨단 시대를 살고 있는 오늘날도 우리에게 먹을 것을 주시는 분은 하나님이십니다.

먹을 것이 해결된 다음에 필요한 것은 영적인 삶이라고 생각합니다. "금강산도 식후경"이라고 했습니다. 우리는 배가 고프면 본능에 따라 먹을 것을 먹어야 합니다. 그렇게 하지 않으면 우리는 생존 자체가 불가능합니다. 그러나 모세는 광야에서 하나님께서 이스라엘 백성에게 만나를 내려 주신 것에 대해 이렇게 말했습니다.

> 너를 낮추시며 너를 주리게 하시며 또 너도 알지 못하며 네 조상들도 알지 못하던 만나를 네게 먹이신 것은 사람이 떡으로만 사는 것 아니요 여호와의 입에서 나오는 모든 말씀으로 사는 줄을 네가 알게 하려 하심이니라(신 8:3).

마찬가지로 예수님께서도 말씀하셨습니다.

> 사람이 떡으로만 살 것이 아니요 하나님의 입으로부터 나오는 모든 말씀으로 살 것이라(마 4:4).

그렇습니다. 우리는 육체적인 만족과 함께 영적인 충족이 이루어져야 합니다. 영적인 충족은 하나님의 말씀인 성경과 성령님의 역사를 통해 주어지게 됩니다.

육체적인 풍성한 만족과 영적인 충족은 인간 삶의 행복 조건입니다. 하나님을 믿지 않는 사람들은 도덕적인 충족일 수도 있겠지만, 가장 고등(高等)하고 중요한 것은 하나님과의 교제, 즉 영성의 추구입니다.

그런데 최근 우리나라는 가정과 사회 속에서 어려움을 겪고 있습니다. 일단 육체적이고 특히 영적인 부분이 해결되지 않아서 그러한 경우가 많다고 생각합니다. 하지만 거기에는 악한 인간의 본성에 바탕을 둔 사회적인 구조의 문제가 있습니다.

사회적인 악이 어디에서 출발하겠습니까?

인간의 죄를 가진 본성에서 근거합니다. 인간의 죄의 본성을 복음으로 순화시켜야 합니다. 복음과 설교가 이 시대의 대안이 되고 해결책이 됩니다. 사회사상도 중요한 역할을 하지만 성령님께서 역사하시는 복음만큼 큰 영향력을 줄 수 없습니다. 성령님께서는 신자의 삶을 성화시켜 거룩한 삶을 살게 하시며 우리의 착한 행실을 통해 하나님께 영광을 돌리게 하십니다.

　사회 구조 안의 악의 문제도 사실은 복음의 영역 안에서 해결이 됩니다. 복음과 기독교 윤리에 바탕을 둔 한 사람이 있으면 그 사람으로 인해 사회 구조 안의 악은 개혁될 수 있습니다. 사람이 진정으로 행복해지기 위해서는 영육 그리고 사회적인 모든 문제가 해결되어야 합니다.

　그리고 그것은 복음을 통해 그 해결책이 될 수 있습니다. 예수 그리스도께서 우리의 진정한 소망이 됩니다. 사람이 행복해지기 위해서는 예수 그리스도를 영접해야 하며 복음에 바탕을 둔 사회개혁의 삶이 있어야 합니다.

2. 하나님 뜻과 하나님 나라의 실천

주님께서 평소에 제자들에게 말씀하신 내용이 하나님 나라의 도래입니다. 마귀가 쫓겨가고 새 시대, 새로운 사회가 도래한 것입니다. 주님께서는 바리새인들에게 말씀하셨습니다.

> 새 포도주는 새 부대에 넣어야 둘이 다 보전되느니라(마 9:17).

예수 그리스도와 하나님 나라의 복음은 새 포도주입니다. 그래서 바리새인들과 같은 율법의 부대에 담으면 그 부대가 해어져(wear out) 찢어지게 됩니다.

주님께서는 제자들에게 기도를 가르쳐 주셨습니다. 주기도문은 하나님 아버지와 하나님 나라가 가장 중심축입니다. 하나님 아버지, 예수 그리스도, 성령님, 삼위일체 하나님이 우리의 신앙생활에 매우 중요하며 삼위 하나님께서 사람을 창조하시고 구원하시며 섭리하십니다.

주님께서는 말씀하셨습니다.

> … 하늘에 계신 우리 아버지여 이름이 거룩히 여김을 받으시오며 나라가 임하시오며 뜻이 하늘에서 이루어진 것 같이 땅에서도 이루어지이다(마 6:9-10).

우리가 여기서 살펴봐야 할 것은 하나님 나라는 분명히 영적인 면이 많은 것입니다. 이 영적인 면은 매우 중요합니다. 우리는 예수 그리스도를 믿음으로 말미암아 이 세상의 나라에서 저 영원한 하나님 나라로 옮겨가게 되었습니다.

그런데 주님께서는 "뜻이 하늘에서 이루어진 것과 같이 이 땅에서도 이루어지이다"라고 말씀하셨습니다. 여기에서 하나님 아버지의 뜻은 세상에 사는 많은 영혼이 구원받는 것입니다. 그리고 하나님을 예배하고, 경배하며 주님의 공동체인 교회에서 성도로서 하나님 나라, 즉 천국을 누리면서 살아가는 것입니다.

그와 더불어 이 세상의 나라에도 하나님의 나라, 하나님의 통치권, 그리스도의 주재권(主宰權, Lordship)이 확장되는 것이라고 봅니다. 그런 면에서 보면 하나님의 나라가 이 땅에서 그리고 세상에서 어떻게 이루어져야 하는지 우리는 고민해야 합니다.

하나님의 나라를 이 땅에 실현하기 위해 많은 고민과 노력해 왔습니다. 개신교 진영에서도 진보가 있고 보수가 있습니다. 더욱 세분화해 보면 중도도 있습니다. 이렇게 각자의 영역에 있는 개신교 신자가 하나님의 나라를 세상 속에 이루기 위해서는 세 가지의 입장이 동시에 있을 수 있습니다. 물론, 불신자의 경우는 아예 관심조차 두지 않을 수 있습니다.

하나님께서 구원의 역사를 이루시는 것이 가장 기본적인 사역이라고 믿습니다. 하나님께서는 아브라함을 열국의 조상으로 택하시고 다윗의 후손으로 메시아 예수 그리스도께서 오심을 말씀하셨습니다. 그리고 하나님께서 인간에게 약속해 주신 대로 메시아 예수 그리스도는 인간에게 오셔서 십자가에 달려 죽으시고 부활하심으로 하나님의 구원 사역을 완성하셨습니다.

이것이 하나님께서 가장 중요하게 여기시는 구원의 역사입니다. 사실 세계의 역사는 하나님의 구원사라고 할 수 있습니다. 하나님의 구원 역사에는 하나님의 공의와 사랑이 전제되어 있습니다.

  하나님께서는 공의로우시기에 인간의 죄를 심판하지 않을 수 없으십니다. 반면에 하나님은 사랑이 많으시기에 인간을 용서하시고 사랑하시는 속성이 있습니다. 이렇게 하나님의 공의는 사랑을 내포하고 있고, 하나님의 사랑은 공의를 내포하고 있습니다. 이 두 가지 하나님의 속성이 가장 잘 나타난 것이 예수 그리스도의 십자가입니다. 하나님의 공의와 사랑은 예수 그리스도의 십자가 사건에서 절정을 이루게 됩니다.

  이와 함께 하나님께서는 두 가지의 일반적인 중심축으로 통치하심을 파악해 볼 수 있습니다. 그것은 하나님의 축복과 공의로 통치하시는 것을 의미합니다.

  하나님의 축복은 하나님께서 믿음의 백성을 축복하시는 것을 말합니다. 하나님께서는 출애굽기에 기록된 시나이반도 시내산에서 이스라엘 백성과 언약을 맺으시고 그들의 통치자가 되시고 그들은 하나님의 백성이 되며 필요한 모든 것을 공급해 주신다고 약속하셨습니다. 이것이 하나님의 축복입니다. 하나님께서는 믿는 사람들을 축복하십니다. 그리고 불신자의 경우는 믿는 자들이 축복의 통로가 되어 복을 받게 됩니다.

  다음으로 하나님의 공의는 하나님께서 세상을 공의롭고 정의롭게 다스리시는 것을 의미합니다. 하나님께서는 인간 통치자를 통해 질서를 유지하게 하시고 재판을 공정하게 하도록 하십니다. 법률을 제정해 법치국가가 되게 하시고 평등의 원칙이 적용되게 하십니다.

  이렇게 하나님께서는 구원과 축복 그리고 공의 세 가지 중심축으로 통치하신다고 보는 것이 신학적인 관점이요, 신학적인 입장이라고 할 수 있습니다. 또한, 하나의 신학적인 모멘텀(Momentum)이라고 볼 수 있습니다. 이러한 신학적인 바탕 위에 그리스도의 제자로서 하나님 나라의 실천을 위해 구원 은혜의 역사하심과 함께 하나님의 축복과 공의를 사회적인 영역에서 논하는 것으로 글을 전개해 보았습니다.

은혜로운 복음과 구원에 기반을 두고 사회적인 영역에서 하나님의 다스리심에 대해 논의를 전개하려고 합니다. 사회적인 영역에서 하나님의 통치인 축복과 공의는 자유민주적 기본 질서와 사회적 시장경제(Soziale Marktwirtschaft)를 중심으로 하는 우리 헌법과 일맥상통하는 면이 있습니다. 약간은 엉뚱한 이야기일 수 있지만, 이것이 세상에 대한 그리스도인의 참여에 있어서 바람직한 방향이라고 생각합니다.

대한민국 헌법은 자유주의와 민주주의, 자본주의를 전제로 하고 있습니다. 근대 사회가 국가 권력에 저항한 국민의 인권을 보장하는 방향으로 나갔던 것을 지향한 헌법을 주로 따르고 있습니다.

그런데 여기의 자유주의와 자본주의에는 사회적이고 평등의 요소가 가미되어 있습니다. 원래 자유주의 자체도 보수적인 개념입니다. 그래서 여기에 더욱 나아가서 사회적인 평등을 도모할 필요가 있습니다. 그래야 현대 사회에서의 가난의 문제를 해결할 수 있기 때문입니다.

그래서 대한민국의 헌법은 평등권과 사회적인 기본권을 통해 자유와 함께 평등으로 보충을 하고 있습니다. 자유에 평등을 가미한 일종의 사회적인 자유가 기술(記述)되어 있습니다. 이것을 정치적으로 파악을 하면 중도정치(Centrist Politics 혹은 Moderate Politics)라고 할 수 있습니다.

대한민국 헌법은 국민 주권을 통해 민주주의를 실현하고 있고 자유주의, 사회적 법치주의, 사회적 시장경제를 채택하고 있습니다. 하나님의 축복과 공의는 좌우로 치우치지 않는 하나님 중심의 사상으로 현대 사회에서 특히 헌법의 영역에서는 중도주의로 이루어진다고 볼 수 있습니다.

정치학의 영역에서 하나님의 축복과 공의를 논해 보면 정치 철학 중에서는 사회민주주의와 보수주의의 중도주의를 취하고 있다고 평가해 볼 수 있습니다. 정치 이데올로기라는 분야가 있는데 그것을 보면 가장 좌측에는 공산주의 그리고 그다음으로 사회민주주의 중간에 중도주의 그리고 그 우측에 보수주의 그 우측으로 신자유주의 또는 극우가 자리를 잡고 있습니다. 이렇게 정치 철학의 영역에서 보면 하나님의 축복과 공의는 중도의 영역이라고 평가 될 수 있습니다.

중도정치는 어려운 것이 아닙니다. 우리나라에서 논의되는 중도는 합리적 진보와 개혁적 보수의 적절한 조합을 의미합니다. 그러나 이러한 중도는 정치 철학에 바탕을 둔 것이 아닙니다. 지금의 사회에 있어서 우리는 서구 사회의 정치 스펙트럼을 활용해 중도정치를 논해야 할 필요가 있습니다. 중도는 내용이 풍부하게 있습니다.

중도는 단순한 혼합 정치가 아닙니다. 그리고 단순히 중간도 아닙니다. 약간의 절충적인 성격을 지니면서 콘텐츠가 있는 것을 말합니다. 예를 들어, 우리가 경제 성장과 분배를 논한다고 할 때에 진보는 분배만을 추구할 것이고, 보수는 경제 성장만을 추구할 것입니다. 그러나 중도는 경제 성장과 분배를 동시에 추구합니다. 경제 성장을 이룬 것을 바탕으로 사회복지를 추구하여 분배를 이루는 것입니다. 중도주의 입장에서는 중도 보수주의의 경제 성장과 중도 진보주의의 사회민주주의 내지는 사회복지주의를 컨텐츠로 하면서 동시에 실시하자는 입장을 말합니다.

우리나라의 헌법의 경우도 사회적 시장경제를 취하고 있는데 이것은 자본주의 우파경제와 사회주의 좌파경제의 장점만을 취한 수정 자본주의를 말합니다. 이것은 좌파의 사상이 아닙니다. 많은 사람이 사회적 시장경제가 사회주의라고 오해합니다. 그리고 좌파로 몰아붙입니다. 그러나 그렇지 않습니다. 대한민국 헌법이 사회적 시장경제를 규정하고 있습니다. '사회적'이라는 말과 '사회주의'는 엄격하게 다른 것입니다.

중도정치 철학은 사회자유주의입니다. 자유주의를 수정하여 사회적이라는 말을 첨가한 것입니다. 그리고 경제학의 영역에서 하나님의 축복과 공의를 살펴보면 케인즈학파와 고전학파의 중간 영역이라고 볼 수 있습니다. 즉, 케인즈(John Maynard Keynes)주의와 고전학파의 중도라고 볼 수 있습니다. 케인즈주의 경제학은 미국의 대공황 시대에 총수요의 측면을 강조하고 사회투자를 중시했던 학파입니다. 케인즈는 재정정책(fiscal policy)을 실시함으로써 국가의 적극적인 개입을 허용하는 견해를 가지고 있었습니다. 그리고 실제로 미국을 불황의 늪에서 구해내게 됩니다.

케인즈학파의 경제학 사상은 정치 철학 면에서 평가해 보면 세금을 통해 사회복지정책을 실행하는 사회민주주의와 유사한 정책을 편다고 볼 수 있습니다(이근식, 『자유주의 사회경제사상』, 한길사, 1999 참고). 그리고 고전학파는 총공급의 측면을 강조하는 학파로서 기술혁신과 같은 것을 주장하는 견해입니다. 경제적으로 통화량의 조절, 통화 준칙을 주장하는 견해를 취하고 것으로 정치적으로는 보수의 입장입니다. 이렇게 하나님의 축복과 공의는 경제학의 영역에서 케인즈학파와 고전학파의 중도 위치에 있다고 이해할 수 있습니다.

그리고 사회학과 경제학에서 성장과 분배의 문제가 있습니다. 우리가 일반적으로 알기로는 성장을 중시하면 보수이고, 분배를 중시하면 진보라고 주장을 합니다. 일리가 있는 이야기입니다. 우리가 일반적으로 경제 성장을 논하고 그다음에 분배를 논해야 합니다. 경제 성장에 대한 과실이 국민에게 골고루 돌아가야 합니다. 경제 성장을 통한 국민의 분배와 복지가 실현되어야 합니다. 따라서 중도의 입장에서는 성장을 통한 분배를 주장하는 점이 다르다고 할 수 있습니다. 따라서 저자의 이론적인 귀결은 다음과 같습니다.

- 신학 : 축복과 공의
- 헌법 : 사회적 시장경제 또는 사회적 법치주의
- 중도 정치학 : 사회민주주의와 보수주의의 중도인 사회자유주의(社會自由主義, Social Liberalism), 또는 현대자유주의(現代自由主義, Modern Liberalism), 개혁적 자유주의로의 중도
- 경제학 : 케인즈의 총수요와 고전학파의 총공급의 정책적인 조합
- 사회학 : 성장과 분배의 조화

이것이 우리가 신앙생활을 하면서 사회 속에서 참여하는 하나의 방향성이 될 수 있다고 봅니다. 그러면 불신자와의 관계성을 어떻게 설정해야 할 것인지의 문제가 남습니다. 불신자와의 관계에 있어서 교회와 성도는 성령의 역사하심에 따라 일반은총의 영역을 공동으로 하면 됩니다. 즉, 사회의 공동선이나 공공선(Common Good)의 영역에서 연대해 사회적인 참여를 이루어 가는 것입니다.

3. 하나님을 보고 진을 치라

　우리는 인생을 살아감에 있어 일정한 목표와 방향을 가지고 살아갑니다. 목표가 없는 인생은 어쩌면 불행한 사람일 수도 있습니다. 위대한 사도 바울에게는 "푯대를 향하여 위에서 부르신 부름의 상을 향하여 달려가는" 목표가 있었습니다. 그리고 자신에게서 "어찌하든지 그리스도가 존귀하게 되기"를 간절히 희망했습니다. 복음의 열정에 사로잡혀 있었습니다.

　요셉의 경우는 사회 속에서 지도자가 되는 것이 꿈이었습니다. 그러나 그의 꿈은 인간의 탐욕이 아니었습니다. 하나님께서 야곱의 가족을 구원하기 위한 목적이 있었습니다. 어떤 사람의 꿈과 목표가 탐욕인지 아닌지는 자기 자신이 먼저 가장 잘 알고 있을 것입니다. 그리고 나중에는 많은 사람이 알게 됩니다. 지금 당장은 사람을 속일 수 있을는지는 몰라도 영원히 속일 수는 없습니다.

　사람은 단순히 본성(Original Nature)으로만 살지 않기 때문에 무엇인가 추구하는 목표가 있게 마련입니다. 인간은 동물과 다릅니다. 영적인 존재로서 하나님과 영적인 교제를 하며 인간 사이에도 상호소통하면서 살아갑니다. 그리고 육체적인 본능에 따라 살아가는 부분도 있습니다. 물론, 바람직한 부분에서의 본능을 말합니다.

　우리 그리스도인의 경우는 인생의 목표와 비전을 하나님께서 주시는 경우가 많이 있습니다. 흔히 자신이 하고 싶은 것을 하고 사는 것이 가장 행복하다고 말합니다. 그렇다면 한편 자신이 하고 싶지 않은 것을 하고 사는 사람도 있다는 말이 되기도 합니다. 세상에서 먹고 살기 위해 어쩔 수 없이 일과 노동을 하는 것은 오히려 불행한 삶이 될 수도 있습니다. 우리는 하나님 안에서 참된 비전과 꿈을 찾아서 살아가면 좋겠습니다. 내가 원하지 않는 일을 하고 있다면 하나님께 기도하십시오. 그리고 하나님의 인도하심을 받아 풍성한 삶을 사시기를 바랍니다.

이스라엘 백성이 출애굽 후에 광야에서 살았던 삶을 기록한 성경 말씀이 민수기입니다. 민수기에 보면 이스라엘 백성은 하나님께서 모세에게 말씀하신 대로 하나님께서 임재해 계시는 성막을 중심으로 진을 치고 살았습니다. 이스라엘 백성의 진 중앙에는 언제나 하나님께서 계셨습니다. 그리고 이스라엘 백성이 행진할 때도 하나님의 법궤가 앞서 행진함으로 하나님께서 앞서가시는 모습을 보게 됩니다. 그들은 다른 무엇보다 하나님 중심의 삶을 살았습니다.

오늘의 시대를 살아가는 우리는 어떻습니까?

정치적인 면에서 보면 진보와 보수의 진영에 진을 치고 살고 있습니다. 그리스도인도 이 둘 중 하나에 속해 있습니다. 물론, "나는 세상과는 관계없이 종교적인 일만 추구합니다"라고 말하는 분도 있고 세상에서 정치가 뭐라고 하든 관심이 없는 분도 있습니다.

세상에서는 촛불과 태극기 사이에 살아야 하지만 우리는 하나님의 백성이라는 사실을 잊지 맙시다. 하나님을 우리의 중심에 모시고 살아갑시다. 그리고 하나님께서 앞서가시면서 인도하시는 대로 살아갑시다. 세상에서의 삶의 방식에 우리가 따라가야 하겠지만 가장 소중하고 중요한 것은 하나님과 하나님의 나라를 우리의 중심에 두고 살아가야 합니다. 그래서 우리는 출애굽 후 이스라엘 백성처럼 세상에 진을 치고 사는 것이 아니라 하나님을 중심으로 진을 치면서 살아가야 합니다.

4. 성경과 헌법의 관계(關係)

성경은 하나님께서 인간에게 말씀하신 내용을 기록한 책입니다. 하나님께서는 인간에게 말씀하십니다. 그것은 신비주의적인 방식으로 하는 것이 아니라 우리가 가지고 있는 성경을 통해 말씀하십니다. 우리가 하나님의 말씀을 개인적으로 받는 것도 성령님께서 하나님의 말씀과 함께 역사하시는 것입니다.

그러므로 하나님의 말씀에 기반하지 않는 직통계시는 위험합니다. 직통계시는 자신이 직접 하나님께 계시받은 것입니다. 이것을 종교공동체에 공론화시키고 자신의 카리스마적 지위를 더욱 공고화하는 데 사용한다면 이것은 분명히 이단이라고 할 수 있습니다. 우리는 매일의 삶 속에서 하나님과 영적 교제를 나누며 살고 있습니다.

그런데 비합리적인 생각이나 혼돈을 하나님의 말씀으로 오해하고 살아가지 않습니다. 매일 성령님을 통해 우리에게 주시는 말씀으로 인해 감사하며 살아갑니다.

일반적으로 세상에서 종교는 인간이 신을 찾아가는 과정이라고 보는 경우가 많습니다. 나약한 인간이 신이라는 존재를 만들어서 신의 도움을 얻고자 하는 것이라고 말합니다. 특히, 종교적인 무신론자들이 이런 소리를 많이 합니다.

마르크스는 종교는 인민의 아편이라고 주장을 했고, 특히 포이에르바하는 헤겔의 유신론 철학을 부정하고 유물론을 주장했으며 인간이 신을 만들었다는 주장까지 했습니다. 그러나 개신교 신자는 세속에서 말하는 만들어진 신, 즉 죽은 신을 믿는 것이 아닙니다. 하나님께서는 인간에게 자신을 보여 주셨습니다. 하나님께서는 자신을 성경에 계시(revelation)하셨습니다.

성경의 말씀 중에 출애굽기에 보면 모세가 받은 율법이 있는 것을 알 수 있습니다. 모세는 하나님과 이스라엘 백성 사이의 중재자로서 하나님과 이스라엘 백성이 언약을 체결하게 했습니다. 이스라엘 국가는 하나님께서 통치자이시고 이스라엘을 백성 삼는 것으로 구성되어 있습니다. 하나님이 왕이시고 모세가 총리와 같은 사람이고 이스라엘 나라의 헌법은 십계명이라고 볼 수 있습니다.

십계명에는 통치자이신 하나님과 이스라엘 백성의 관계 그리고 이스라엘 백성 간의 상호관계가 나타나 있습니다. 성경의 율법은 이렇게 대한민국의 헌법과 같이 이스라엘 국가의 고대 헌법이었다고 평가해 볼 수 있습니다. 다른 점이 있다면 이스라엘 백성의 헌법에는 생명이 있다는 것입니다. 그 이유는 생명의 근원이 되시는 하나님과 연관이 되어 있기 때문입니다. 하나님은 신자들에게 영원한 생명을 주십니다.

대한민국 헌법의 경우 성경과 비슷하게 통치권자, 통치권의 샘과 같은 역할을 하는 국민 그리고 국민의 기본권을 규정하고 있습니다. 기본권이라고 하니 "무슨 소리냐" 하고 어려워하는 분들이 있는데 사실 우리가 살아가는 삶 자체가 기본권의 영역입니다. 우리는 자신이 하고 싶은 대로 행동을 합니다. 자신의 가치가 존중을 받기를 원합니다. 그리고 평등하게 대우받는 사회에서 살아가고 싶어 합니다. 거주 이전의 자유가 있고 집회 시위의 자유가 있습니다. 그 누구도 불법적으로 적법한 절차에 따르지 않고 나의 신체를 구속(拘束)하지 못합니다. 그리고 재판을 받을 권리가 있습니다. 이러한 모든 것이 국민의 기본권입니다.

통치권은 사실 국민으로부터 위임을 받은 것입니다. 교회에서 성도님들에게 위임 받은 목사님이 위임목사님으로서 교회 성도님들에게 말씀을 선포하고 교회를 치리(治理)하는 것과 같은 이치라고 보시면 됩니다. 대한민국의 통치 구조는 대통령, 국회, 법원으로 삼권분립이 되어 있습니다. 그리고 위에서 말씀드린 대로 국민의 기본권에 관해 규정하고 있습니다. 통치 구조에 속하는 국가의 기관은 국민의 기본권을 함부로 침해할 수 없고 국민의 기본권을 실현하는 역할을 해야 합니다.

성경의 율법에는 하나님이 최고의 자존자(自存者)이시고 통치자이시지만 인간을 사랑하는 하나님의 모습이 표현되어 있습니다. 인간을 하나님의 형상으로 만드시고 그들에게 복을 주시며 자녀를 출산하여 번성하라고 하셨습니다. 이 말씀을 볼 때 하나님이 인간을 얼마나 존중하며 사랑하는지 알 수 있습니다.

대한민국의 헌법에는 인간의 존엄과 가치를 규정하고 있습니다. 이것은 하나님의 형상대로 창조된 인간을 존엄하게 대우하라는 말씀과 일맥상통합니다. 성경에는 민주주의 규정이 직접적으로는 없습니다. 그러나 하나님께서 중재자, 대변인을 세우셔서 하나님의 역사를 이루어 가시는 것은 민주주의 이론에서 국민의 대리 통치자를 세워서 다스리는 것과 유사합니다.

사실 민주주의의 근원을 그리스의 폴리스 정치에서 찾습니다. 당시 폴리스에서 직접 민주정치를 한 것을 민주주의의 근원으로 보고 있습니다. 그런데 그리스 폴리스의 직접 민주주의 사회의 경우에도 지도자가 있었습니다. 국민이 모두 지도자가 되어 다스린 것은 아닙니다. 물론, 성경에도 민주주의 선거와 유사한 내용도 있습니다. 예를 들어, 사울이 왕이 될 때 백성이 선출했습니다.

제비뽑기 방식과 백성의 승인이 있었습니다. 이것은 민주주의 요소가 있다고 평가해 볼 수 있습니다. 그리스 폴리스의 민주정치는 중요한 국가의 결정 사항이 있을 때 국민이 직접 참여한 것입니다. 그리스 민주주의가 최고로 꽃피운 때가 페리클레스(Pericles)라는 지도자에 의해 이루어진 것을 볼 때 우리는 그리스의 민주주의에 대의 민주주의의 요소가 있는 것을 알 수 있습니다.

우리의 정치는 이웃하는 국가들의 법을 복제한 것이 아닙니다. 오히려 그들이 우리의 모방자가 되고 있습니다. 소수가 아닌 다수에 의해 통치되고 있기에 이를 민주주의라고 부릅니다. 법을 보면 개개인의 차이를 두지 않아 모두에게 공평 정대하다고 할 수 있습니다.

사회적 기반을 보면 능력에 따라 존중받아 공공생활이 향상되었다고 할 수 있습니다. 평판에 따라 이끌리는 계급에 대한 고려 없이 또한 빈곤으로 인한 제한도 없이 국가에 봉사할 수 있는 사람이라면 조건을 달아 애매하게 방해하는 일은 없습니다(페리 클레스의 말).

신학자 칼빈은 공화제를 주장했지만, 대의 민주주의를 강조했습니다. 루소가 말하는 인민 민주주의는 현대 국가 헌법에서는 일부만 허용이 되는 것입니다. 성경과 대한민국의 헌법은 밀접한 관계성이 있습니다. 특히, 모세의 율법은 고대 사회 이후 현대에 이르기까지 중대한 영향을 끼쳤다고 볼 수 있습니다. 양자(兩者)는 모두 헌법입니다.

우리는 성경을 통해 구원받고 대한민국 헌법을 통해 사회생활을 합니다. 성경을 통해 영원한 생명과 천국을 얻고 헌법을 통해서는 사회 속의 구성원으로 생활하는 것입니다.

현대 사회에는 정치와 종교가 분리되어 있습니다. 그러므로 교회에서는 성경을, 사회에서는 헌법을 중심으로 살아가야 하는 줄로 압니다. 이것이 기본 원칙입니다. 그런데 성경의 원리를 현대 헌법과 사회 속에서 잘 녹여 적용해 살아가야 하는 것이 신자의 삶이라고 생각합니다. 그러므로 성경과 헌법의 기준을 가지고 교회와 사회 속에서 능력 있는 삶을 살아가시기를 바랍니다.

5. 복음과 구원의 은혜에 의한 사회 참여

주 예수 그리스도 십자가의 죽음과 부활은 한 사람의 인생을 변화시킵니다. 가장 중요한 것은 십자가의 피 묻은 복음입니다. 그리고 하나님께서 베풀어 주신 은혜가 우리를 구원하신다는 사실입니다. 우리는 다른 어떤 사상으로도 구원받을 수 없습니다. 오직 주 예수 그리스도의 복음을 통해서만 우리는 구원받게 됩니다.

복음을 통한 구원이 모든 신자의 삶의 기초입니다. 우리는 복음을 영접함으로 이 세상의 나라에서 저 영원한 하나님의 나라로 옮겨가게 됩니다. 복음을 영접한 사람의 삶을 하나님께서 친히 인도하십니다. 그것을 저는 축복과 전도와 사회개혁이라고 생각합니다.

먼저, 복음과 전도의 영역이 있습니다. 사실 우리를 구원하시는 주님 그리고 우리에게 성령님이 오셔서 구원하셨는데 성령님이 하시는 가장 중요한 일은 구원과 전도입니다. 우리는 구원받고 구원의 은혜에 감격해 살아가게 됩니다. 성령님은 전도의 영이십니다. 그래서 복음을 영접하고 구원받은 성도는 전도의 삶을 살게 됩니다. 다른 무엇보다 복음 전도자의 삶을 살게 됩니다. 그리고 거듭난 신자는 이 땅의 삶에 너무 집착하지 않습니다.

이것이 가장 기본적이고 원칙적인 삶이라고 생각합니다. 소위 말하는 개인 구원에 관한 말씀입니다. 그런데 많은 그리스도인은 아쉽게도 이것으로 모든 것이 끝나 버리는 경우가 많습니다.

이렇게 개인 구원을 전부라고 생각하고 사회와 세상에 대해서는 무관심합니다. 심지어 사회를 개혁하려고 하는 그리스도인을 세속주의자라고 몰아세웁니다. 그리고 자신이 마치 모든 우월성을 가지고 있다고 행동하는 경우가 많이 있습니다. 참으로 안타까운 현실이라고 하지 않을 수 없습니다.

복음은 개인 구원이 가장 중요하고 소중함에도 경제 성장과 사회개혁의 측면이 있다는 사실을 간과하기 쉬운 것입니다. 우리 그리스도인도 이 땅에 발을 딛고 살아가기 때문에 이 땅의 시민입니다. 그 사실을 기억하지 못하고 투표도 하지 않고 병이 들어도 의사의 치료를 받지 않으려고 하는 것은 이것은 극단적인 예입니다. 그렇지만 바로 이단의 모습과도 비슷하다고 할 수 있습니다. 물론, 한국 정통 개신교에서 이렇게 주장하는 교파는 있지 않다고 생각합니다.

복음은 영혼과 육체 그리고 사회적인 존재의 모든 영역에 있어서 영향력을 끼칩니다. 그리고 이 세상은 궁극적으로 하나님께서 통치하십니다. 예수 그리스도께서 다스리십니다. 교회의 영역은 하나님께서 직접 다스리십니다. 그렇지만 대한민국 국가와 사회의 영역은 국민 주권을 통해 간접적으로 통치하신다고 조심스럽게 말씀드려 봅니다. 사회와 국가의 영역에 국민의 자율성을 주셨다고 볼 수 있습니다.

우리 그리스도인은 하나님의 대변인입니다. 그러므로 하나님의 말씀을 이 땅에 실천해 나가는 사람입니다. 그 하나님의 말씀을 실천할 때 우리는 하나님의 대변인, 즉 하나님의 입으로서 역할을 하게 됩니다. 일반적으로 복음과 구원, 복음의 전도 그리고 사회개혁으로 논의가 됩니다만 저는 여기에다가 하나님의 축복을 플러스시켜 보았습니다.

사실 우리가 성경에 기록된 구약과 신약 시대의 사상과 제도를 현대에 모두 적용하기는 힘듭니다. 예를 들어, 성경의 레위기에서 희년(禧

年, jubilee, יובל, yobel)에 대해 말씀하고 있는데 그 당시에 이 제도는 혁신적인 제도였다고 봅니다. 이스라엘 사회는 희년이 되면 땅을 원주인에게 돌려주어야 했는데 이것은 토지가 지나치게 소수에게 집중되는 것을 막을 수가 있었습니다.

물론, 희년 제도 안에는 토지 문제만 있는 것이 아닙니다. 이것은 50년이 지나면 모든 것이 원상태로 돌아간다는 것이고 주님께서 이 땅에 오셔서 죄로부터 마귀 사탄으로부터 자유롭게 하실 것을 상징합니다. 희년은 사회 제도와 함께 구원(Redemption)과 관련이 있습니다.

제가 윗부분에서 하나님께서 다스리신다고 말씀을 드렸습니다. 그렇습니다. 하나님께서 지금의 세상 속에서도 다스리십니다. 정치와 종교가 분리돼 있는 대한민국의 헌법과 사회현실에서는 하나님의 복음을 변형시켜 적용해야 한다고 생각합니다. 이 이야기가 반드시 맞는 것은 아니지만 우리가 그리스도인으로 세상에서 살아갈 때 하나님의 말씀에 기초한 삶을 살아야 한다고 생각합니다. 그리고 그것을 변용해 현실의 사회에 맞게 적용하면서 살아가야 합니다. 이것이 하나님의 나라를 이 땅 가운데 이루어 가는 삶이라고 생각합니다.

신학과 정치학, 사회학, 경제학 등을 통섭(統攝, Consilience)해 논의를 전개할 수 있습니다. 앞서 말씀을 드린 대로 하나님의 통치를 구원, 축복, 공의로 파악을 했습니다. 하나님의 속성을 모두 이것으로 도식화할 수는 없지만, 이것이 가장 중요한 방법론이 아닌가 생각합니다. 다만 염려하는 부분이 있습니다. 하나님의 은혜로 구원받았으면 전도와 사회개혁에 힘을 쓰는 일을 해야 한다고 했습니다. 그렇다면 우리가 복음을 수단화시키는 우(愚)를 범할 수 있습니다. 그러나 결코 복음은 수단이 아닙니다. 본질이요, 핵심입니다. 우리가 이 사실을 잘 기억해야 합니다.

우리가 복음과 전도, 사회개혁을 논할 때 주님을 주님 되게 하고 복음의 본질을 망각하지 않는다면 우리는 복음의 놀라운 역사와 선순환(善循環)을 경험하게 될 것입니다. 아무쪼록 우리가 예수 그리스도의 복음을 통해 구원받으며 전도, 축복, 사회 참여의 놀라운 역사를 이루기를 간절히 바랍니다.

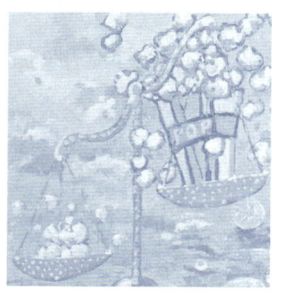

6. 역사의 주체

　주체라는 것은 사물의 작용이나 어떤 행동의 주(主)가 되는 것을 말합니다. 누가 행위의 결과를 만들어 내는 데 있어서 주인공이 되는지의 문제라고 볼 수 있습니다. 우리가 세계 역사의 진행을 볼 때 어느 한 가지로 완벽하게 역사의 주체가 누구인지 단정하기는 어렵습니다. 그리고 그렇게 파악하기도 힘들고 일관성이 있는 맥락을 찾아내는 일도 어렵습니다.

　누가 역사의 주체인가?

　먼저, 인간이 역사의 주체라는 견해가 있을 수 있습니다. 인간이 많은 일에 있어서 주체가 되는 것은 있을 수 있다고 생각합니다. 우리는 몇 년 전에 우리나라 국민이 촛불을 들고 대통령의 탄핵을 주창하며 시위했던 것을 기억합니다. 그리고 마침내 국회 의결 후에 헌법재판소에 의해 대통령이 탄핵이 되는 초유의 역사를 경험하게 되었습니다.

　이 일에 있어서 가장 주도적인 역할을 한 것이 헌법재판소일까요?

　우리는 그렇지 않다는 것을 잘 알고 있습니다. 국민의 여론이 대통령에 대한 탄핵을 원했고, 이로 인해 정치적 탄핵이 선행된 후 헌법재판소에서 탄핵이 된 것이라고 볼 수 있습니다.

　우리가 서구 사회의 프랑스 대혁명이나 우리나라 조선의 동학농민운동, 현대사(現代史)에 있어 5.18 민주화 운동 등을 볼 때 그리고 수없이 많은 민주화를 위한 열망을 볼 때 우리는 역사의 주체가 인간이라는 사실을 알게 됩니다.

그런데 만일 역사의 주체가 인간이라면 인간은 항상 선한 방향으로 역사를 이끌어 갈 수 있느냐 하는 문제가 남게 됩니다. 이것이 가장 큰 미지수라고 할 수 있습니다. 그리고 가장 본질적인 문제로 인간은 어떻게 존재하게 되었으며 인간의 육체와 영혼, 정신은 어떻게 생기게 되었는지에 대한의 문제가 해결될 필요가 있습니다. 그러나 사회적인 사상에서 이것에 대해 완벽하게 설명해 주는 이론은 없습니다. 그래서 우리는 다시 신본주의(神本主義) 역사관으로 돌아가서 역사의 주체에 대해 생각해 보게 됩니다.

성경에는 역사의 주체를 분명히 하나님이라고 말씀하고 있습니다. 성경의 출애굽기 말씀을 상고해 보면 분명 히브리 노예들은 이집트의 파라오가 포악하게 행동했는데도 이러한 정치에 항거해 집회 시위를 하거나 저항권(抵抗權)을 행사하지 않았습니다. 오히려 그들은 고통 속에 신음하며 하나님께 부르짖었습니다.

이럴 때 움직이신 분이 하나님이십니다. 하나님은 모세를 보내셔서 이집트에서 고통받는 히브리 노예들을 자유롭게 하셨습니다. 그것도 매우 기이한 방법으로 말입니다. 하나님께서는 인간의 역사에 대해 반드시 이 방법으로 역사하지는 않지만, 궁극적으로 하나님께서 모든 역사를 주관하신다고 보아야 합니다.

우리는 성경과 세계의 역사를 종합적으로 살펴볼 때 인간이 역사의 주체로서 역할을 하는 부분이 분명히 있다고 할 수 있습니다. 그러나 사실 그 배후에서 그 역사가 항상 선한 방향으로 하나님의 구원 역사의 방향으로 이끌어 가시는 분은 하나님이시라는 사실을 우리는 잊지 말아야 합니다.

결론적으로 역사의 주체는 하나님이시며 하나님과 인간은 선한 방향에서든 악한 방향에서든 함께 역사를 이루어 가게 됩니다. 그리고 어떠한 인간의 역사도 하나님께서 원하시는 방향으로 반드시 나아가게 되어 있습니다.

　이것은 운명론이 아니라 하나님의 섭리입니다. 함석헌 선생님도 역사는 하나님의 섭리로 움직이게 된다고 말씀하셨습니다. 그러므로 우리 인간은 하나님의 주권을 인정하고 하나님과 협력해 새 역사를 창조해 나아가야 할 것입니다.

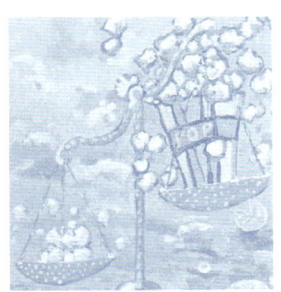

PART 2

은혜로운 구원의 복음
(하나님의 공의와 사랑)

1. 구원의 은혜
2. 하나님의 은혜로 의롭게 됨
3. '하나님의 나라에 들어감'의 중요성

*　　*　　*

　복음은 복된 소식으로 하나님께서 인류를 예수 그리스도를 통해 구원하신다는 것입니다. 예수 그리스도는 하나님의 아들로서 동정녀 마리아에게 성령으로 잉태되셨습니다. 예수 그리스도는 신성(Deity)이 있습니다. 하나님의 아들로서 죄가 없으시고 놀라운 왕적인 권세와 능력을 행하시는 분입니다.

　예수 그리스도께서 이 땅에 오셔서 사람들을 가르치시고 천국 복음을 전파하시고 사람들을 치유하는 사역을 하셨습니다. 그 후에 유월절 어린양으로 십자가에 달려 돌아가셨습니다. 그런데 예수 그리스도께서는 십자가에 죽임을 당하시고 사흘 만에 부활하셨습니다.

　이것이 바로 복음입니다. 예수 그리스도는 하나님께서 세우신 '하나님의 의(義)'입니다. 우리는 하나님께서 유일하게 의롭다고 인정해 주시는 예수님의 십자가 보혈을 통해서만 구원받게 됩니다. 그리고 이 구원은 하나님의 은혜로 되는 것입니다. 하나님께서 이 세상을 만드시기 전부터 우리 인간을 택하시고 구원하실 계획을 세우고 계셨습니다. 그리고 마침내 예수 그리스도를 인류 가운데 보내셔서 그를 십자가에 못 박혀 죽게 하셨습니다.

　우리의 의지와 노력으로 구원받은 것이 아닙니다. 오직 하나님의 놀라우신 은혜로 구원받은 것입니다. 우리가 잘나서 무슨 조건을 보고 우리를 구원하신 것이 아닙니다. 아무런 조건이 없이 구원해 주신 것입니다. 이것이 놀라운 하나님의 은혜입니다.

1. 구원의 은혜

구원에 관해 우리가 생각을 많이 하고 살았으면 좋겠습니다. 우리가 믿지 않는 사람과 다른 점은 우리는 구원받은 사람이라는 것입니다. 구원은 죄로 인해 멸망 받을 우리의 영혼이 영원한 생명을 얻는 것을 말합니다.

영원한 생명을 얻으며 살고 싶지 않습니까?

믿지 않는 사람들은 인생의 목적이 영원한 생명을 얻는 것이 아닙니다. 더 많은 것을 소유하고 더 많은 것을 얻기 위해 삶을 살아가는 것입니다.

그러나 우리 믿는 자들의 삶의 목표는 다릅니다. 영생에 관해 생각을 많이 하고 살아갑니다. 영생은 주님께서 정의를 잘해 주셨습니다. 요한복음 17:3에서 "유일하신 하나님과 그의 보내신 자 예수 그리스도를 아는 것"이라고 말씀하셨습니다.

하나님의 은혜로 구원받았습니다. 은혜라는 것은 선물이라는 의미입니다. 선물은 아무런 대가 없이 주는 것입니다. 하나님께서 우리에게 주신 구원은 아무런 대가가 없습니다. 우리를 사랑하시기 때문에 주시는 것입니다. 우리가 구원받을 만한 행위를 한 것이나 어떠한 조건이 없습니다. 물론, 구원받은 사람을 보니 대부분은 선한 행위를 하며 살아가는 사람들입니다.

그러나 반드시 선한 행위를 통해서만 구원받은 것이 아닙니다. 하나님은 우리에게 은혜를 베풀어 주셨습니다. 우리 주 예수 그리스도를 우리에게 주신 것은 하나님의 특별한 은혜입니다.

어느 누가 자기 아들을 우리의 죄를 위해 내어 주실 수 있겠습니까?

우리를 향한 하나님의 사랑은 놀라운 사랑입니다. 감히 말로 표현할 수 없는 사랑입니다. 이 사랑을 하나님께서 우리에게 보여 주셨습니다.

> 우리가 아직 죄인 되었을 때 그리스도께서 우리를 위하여 죽음으로 하나님께서 우리에 대한 자기의 사랑을 확증하셨느니라(롬 5:8).

하나님께서는 이렇게 우리에게 말로 표현할 수 없는 위대한 사랑을 보여 주셨습니다. 그러므로 우리는 하나님의 놀라운 은혜를 받은 것입니다. 우리는 하나님의 은혜, 하나님의 놀라운 사랑으로 말미암아 구원받게 되었습니다.

여기서 참고로 구원에 관련된 헌법 규정을 보면 다음과 같습니다.

> 제10조 모든 국민은 **인간으로서의 존엄과 가치**를 가지며, **행복을 추구할 권리**를 가진다. 국가는 개인이 가지는 **불가침의 기본적 인권**을 확인하고 이를 보장할 의무를 진다.
>
> 제19조 모든 국민은 양심의 자유를 가진다.
>
> 제20조 ① 모든 국민은 **종교의 자유**를 가진다.
>
> ② 국교는 인정되지 아니하며, **종교와 정치는 분리**된다.

우리는 믿음으로 구원받습니다. 이는 우리가 구원받기 위한 유일한 조건입니다. 믿음은 단순히 사실을 아는 것이 아닌 나의 인생 전체를 하나님께 맡기는 것을 말합니다. 믿음은 신뢰입니다.

믿음의 대상은 누구입니까?

우리를 창조하신 하나님 아버지와 우리 죄를 용서해 주시기 위해 십자가에 달려 돌아가신 예수 그리스도 그리고 우리를 믿도록 도와주시는 성령님을 믿어야 합니다. 예수님께서 나의 죄를 용서해 주시기 위해 십자가에 달려 돌아가셨다는 사실을 굳게 붙잡는 것입니다. 그래야 죄 사함을 받고 구원받을 수 있습니다.

주님께서는 우리와 새로운 언약을 맺으셨습니다. 구약 시대의 언약은 하나님께서 모세를 통해 이스라엘 백성에게 주신 것입니다. 시내산에서 하나님께서 모세에게 십계명을 주셨습니다. 십계명을 통해 이스라엘을 축복하시고 하나님의 말씀에 순종하고 하나님과 장차 오실 예수 그리스도를 믿고 송아지와 어린 양 피로 속죄 제사드리는 자에게 구원의 은혜를 베풀어 주셨습니다.

그러나 이스라엘 백성은 인간이었기에 하나님께서 주신 계명을 다 지킬 수가 없었습니다. 하나님의 계명을 온전히 지킬 수가 없었습니다. 그래서 하나님께서 예레미야 선지자에게 새 언약을 주실 것을 말씀하셨습니다. 그 새 언약은 주님과 맺은 언약입니다.

장차 주님께서 이 세상에 오셔서 우리 죄를 사해 주시기 위해 십자가에 달려 죽게 되실 것인데 이것을 그 마음에 믿는 사람은 구원받게 합니다. 구약의 율법은 돌판에 쓰인 것이었지만, 신약의 주님과 언약은 주님과 우리 마음에 언약을 맺는 것입니다.

성령님께서 우리 마음에 주님의 언약을 새겨주십니다. 이것을 성령의 인치심(The sealing of the Holy Spirit)이라고 합니다. 주님과 맺은 새 언약을 소중하게 간직하고 주님을 끝까지 믿는 사람은 구원받게 됩니다. 우리는 주님 십자가의 죽음과 부활에 대한 믿음을 통해서만 구원받을 수 있습니다. 믿음 없이는 절대로 구원이 있을 수 없습니다. 믿음이 있어야만 하나님을 기쁘시게 하고 구원받게 됩니다. 그러므로 주님의 십자가와 부활을 믿으시기 바랍니다. 주님을 믿으시고 구원받으시기 바랍니다.

　제가 처음 구원받았다는 확신을 하게 되었을 때 모든 것이 정말로 아름답게 느껴졌습니다. 교회 공동체에서 형제자매님과 즐겁고 행복한 시간을 보냈습니다. 함께 공동으로 식사하고 형제들끼리 모여 봉고차를 타고 한강시민공원에서 족구를 하고 놀았던 기억 등 구원받은 사람의 공동체 생활이 얼마나 즐거운지를 알게 되었습니다. 하나님의 사랑을 받은 우리는 그 사랑을 흘려보내는 사람들이 다 되도록 합시다.

　우리가 구원받은 것은 하나님의 은혜로 된 것입니다. 우리가 잘나서 받은 것이 아닙니다. 그리고 구원받기 위해서는 예수 그리스도를 믿어야 한다는 것을 알게 됩니다. 우리는 구원받은 사람들로서 하나님의 그 크신 사랑과 은혜에 감사하고 아직도 예수 그리스도를 영접하지 못한 사람들은 꼭 영접해 구원받기를 바랍니다.

2. 하나님의 은혜로 의롭게 됨

우리 인간에게는 구원이 필요합니다.

구원이 무엇입니까?

종교가 추구하는 구원은 사람이 죽지 않고 영원한 생명을 얻는 것을 말합니다.

인간이 왜 죽어야만 하는가?

성경은 그 원인이 죄에 있다고 말씀하십니다. 아담과 하와가 하나님께서 먹지 말라고 금하신 선악과를 먹음으로 말미암아 죄를 지었습니다. 그래서 하나님과의 관계가 단절되었고 인간에게는 사망이라는 결과가 오게 되었습니다.

형법에는 범죄와 관련해 다음과 같이 규정하고 있습니다. 그것은 범죄의 구성요건과 위법성조각사유 그리고 책임조각사유입니다. 죄를 지었어도, 즉 구성요건 해당성이 있어도 위법성이 없거나 책임이 없으면 범죄가 성립되지 않습니다.

> 형법 제1조(범죄의 성립과 처벌)
> ① **범죄의 성립과 처벌**은 **행위 시의 법률**에 따른다.
>
> [고의 과실]
> 제13조(고의) **죄의 성립요소인 사실을 인식하지** 못한 행위는 벌하지 아니한다. 다만, 법률에 특별한 규정이 있는 경우에는 예외로 한다.

제14조(과실) **정상적으로 기울여야 할 주의(注意)를 게을리하여 죄의 성립요소인 사실을 인식하지 못한 행위**는 법률에 특별한 규정이 있는 경우에만 처벌한다.

[위법성조각사유]

제20조(**정당행위**) 법령에 의한 행위 또는 업무로 인한 행위 기타 사회상규에 위배되지 아니하는 행위는 벌하지 아니한다.

제21조(**정당방위**) ① 현재의 부당한 침해로부터 자기 또는 타인의 법익(法益)을 방위하기 위하여 한 행위는 상당한 이유가 있는 경우에는 벌하지 아니한다.

[책임조각사유]

제9조(형사미성년자) **14세되지 아니한 자의 행위**는 벌하지 아니한다.

제10조(심신장애인) ① **심신장애로 인하여 사물을 변별할 능력이 없거나 의사를 결정할 능력이 없는 자의 행위**는 벌하지 아니한다.

죽음은 그 누구도 피해 갈 수 없습니다. 인간이 이러한 사망에서 벗어나려면 죄가 없어야 합니다. 그러나 인간 스스로는 죄가 없을 수 없습니다.

그래서 공의로우신 하나님께서 우리 죄인에게 은혜를 베풀어 주셔서 당신의 아들 독생자 예수 그리스도를 보내 주셨습니다. 그리하여 우리로 하여금 예수 그리스도의 십자가를 통해 구원받게 하셨습니다. 율법을 통해서는 구원받을 수 없고 내가 죄인이라는 사실을 깨닫게 될 뿐입니다.

> 우리가 알거니와 무릇 율법이 말하는 바는 율법 아래에 있는 자들에게 말하는 것이니 이는 모든 입을 막고 온 세상으로 하나님의 심판 아래에 있게 하려 함이라 그러므로 율법의 행위로 그의 앞에 의롭다 하심을 얻을 육체가 없나니 율법으로는 죄를 깨달음이니라 (롬 3:19-20).

원래 율법은 하나님께서 이스라엘 백성을 위해 모세를 통해 주신 것입니다. 하나님께서는 이스라엘 백성과 율법을 통해 언약을 맺게 되었습니다. 하나님께서는 이스라엘 백성에게 하나님 자신을 잘 섬기라고 하시고 이스라엘 백성은 하나님의 백성이 되어 하나님께서 보호해 주셨습니다. 당시에 사람들은 모세를 통해 주신 십계명을 잘 지킴으로서 구원받는다고 생각했습니다. 그래서 열심히 율법을 지키고자 했습니다. 율법을 벗어나면 구원받을 수 없기에 철저히 율법을 지켜야 했습니다. 율법을 지키기 위해 바리새인과 서기관 그룹이 생기게 되었습니다.

그러나 여러분 생각해 보십시오.

인간이 하나님의 율법을 다 지킬 수 있습니까?

설령 인간이 하나님의 율법을 잘 지켰다고 하더라도 하나를 어겼다고 칩시다. 그러면 그동안 그 사람이 지킨 율법은 모두 무효가 되고 그 사람은 구원받지 못하게 됩니다.

그래서 사도 바울은 율법이 구원을 얻기에는 불완전하다는 것을, 즉 율법을 통해서는 죄를 깨닫게 될 뿐이라는 사실을 알게 되었습니다.

율법은 우리에게 죄를 깨닫게 해 주는 몽학선생(蒙學先生, παιδαγωγός)과 같습니다. 선생님이 수업에 집중하지 않고 졸고 있을 때 우리에게 호통을 치고 공부하도록 만들어 줍니다. 그리고 선생님은 우리가 공부를 잘 할 수 있도록 지도해 줍니다. 마찬가지로 율법은 우리가 스스로 행위를 통해서 구원받는 것이 아닌 주 예수 그리스도의 보혈을 통해서만 구원받을 수 있음을 깨닫게 해 주는 역할을 하게 되는 것입니다.

여기서 조심해야 할 것이 있습니다. 율법을 통해서 구원받지 못하기 때문에 율법을 폐기해야 한다고 생각하기 쉽습니다. 그러나 그렇지 않습니다. 오직 믿음으로 구원받지만, 구원받은 신자는 주님의 은혜를 받았으므로 율법을 더욱더 잘 지키는 것입니다. 이 세상에는 의로운 사람이 없는데 하나님의 은혜로 의로운 사람이 되었습니다.

성경은 로마서 3:10에서 "의인은 없나니 한 사람도 없다"라고 말씀을 합니다. 우리는 사회에서 의로운 일을 하는 사람이 있다고 하지만 성경 말씀은 의인이 없다고 합니다. 모든 사람은 죄인입니다. 성경에서 모든 사람이 죄인이라고 말하는 것에 대해 어떤 사람은 "왜 자꾸 죄인, 죄인 하느냐 내가 무슨 죄를 지었느냐 나는 죄가 없다"라고 말하는 사람이 있습니다. 일반론으로는 의로운 사람이 있을 수는 있습니다.

그러나 이렇게 의로운 사람도 하나님 앞에서 보면, 즉 하나님의 기준에서 보면 모두 다 죄인이라는 사실을 알아야 합니다. 이것은 명백히 성경이 선언하는 사실입니다.

> … 의인은 없나니 하나도 없으며(롬 3:10).

그러면 왜 인간은 의인이 못되고 모두 다 죄인입니까?

그것은 아담과 하와의 원죄(original sin)와 우리 자신의 자범죄(actual sin) 때문입니다. 아담과 하와가 하나님께서 먹지 말라고 한 선악과를 먹음으로 말미암아 죄를 지었습니다. 이로 인해 그들의 영혼과 육체는 죽었습니다. 그리고 그의 후손인 인류는 모두 죄를 안고 태어났습니다. 인간은 욕하고 싸우고 더 나아가 나라끼리 전쟁을 하고 사람을 죽입니다. 이러한 모든 일은 인간의 죄악으로 말미암아 이루어지는 일입니다.

인간은 사람들이 보기에 조금은 의롭다고 여기는 일을 할 수는 있을 지 몰라도 진정으로 의로운 의인이 되지는 못합니다.

그러면 우리는 소망이 없습니까?

성경에서 죄를 지은 사람은 사망이라고 했습니다. 죄로 인해 죽음이 왔고 인간은 영원한 생명을 얻을 수가 없는 것입니다. 이러한 죄의 문제를 해결해 주시기 위해서 하나님께서는 '하나님의 의'(δικαιοσύνη θεοῦ)를 주셨습니다. 인간의 의는 불완전하고 절대적인 하나님의 의의 수준에 도달할 수가 없습니다.

그래서 하나님께서는 인간의 의 대신에 하나님의 의를 주셨습니다. 하나님의 의는 바로 예수 그리스도께서 십자가에 죽으심을 통한 의를 말합니다. 인간은 절대 의인이 될 수 없습니다. 오직 죄가 없으신 주 예수님의 십자가 보혈을 믿을 때만 의롭게 되는 것입니다. 이것은 우리가 예수 그리스도의 의를 전가 받는 것을 말합니다.

신학적으로는 칭의라고 합니다. 칭의라는 것은 의롭다고 칭해 주시는 것인데 우리는 결코 의로운 존재가 될 수 없는데 예수님의 십자가 보혈을 믿는 사람은 의롭다고 하나님께서 인정해 주시는 것입니다.

그래서 로마서 3:24 말씀이 아주 중요한 의미가 있습니다.

> 그리스도 예수 안에 있는 속량으로 말미암아 값없이 의롭다 하심을 얻은 자 되었느니라(롬 3:24).

우리는 믿음을 통해서만 의롭게 되고 구원받게 됩니다. 그리고 사람이 의롭게 되는 것은 하나님의 은혜로 되는 것입니다. 하나님은 공의로우시기 때문에 모든 인류를 멸망시키실 수도 있습니다. 그러나 하나님께서는 그렇게 하지 않으셨습니다. 하나님께서는 공의로우시지만 또한 사랑이 넘치는 분이십니다. 은혜를 베풀어 주시는 분이십니다. 하나님의 은혜로 우리가 값없이 의롭게 된 것입니다.

그러므로 자랑할 것이 없습니다. 구원이 나에게서 나온 것이 아니기 때문입니다. 오직 하나님의 은혜, 주 예수님 그리스도 보혈의 공로로 인한 것입니다. 우리는 행위를 통해서 의롭게 되는 것이 아니라 오직 예수 그리스도를 믿는것으로만 의롭게 됩니다. 우리가 의롭게 되는 것은 율법을 통해서가 아니라 하나님의 은혜입니다. 의인은 없나니 한 사람도 없습니다. 죽어 마땅한 죄인이 주님의 십자가 보혈 공로로 구원받았습니다.

주님의 놀라운 은혜를 받은 우리는 어떻게 살아야 하겠습니까?

주님의 은혜에 감사하면서 더욱더 하나님의 말씀을 잘 지키고 살아가는 것이 우리가 해야 할 일이라고 생각합니다. 하나님을 경외하는 삶을 살아가시기를 바랍니다.

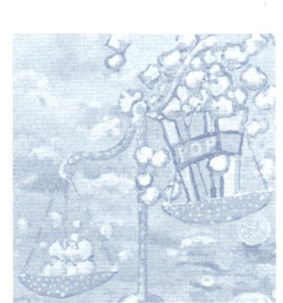

3. '하나님의 나라에 들어감'의 중요성

헌법은 삼권의 분립을 규정하고 있습니다. 대한민국에는 국가가 있고 하나님의 왕국에는 하나님의 나라가 있습니다. 국가는 세상의 나라이고 하나님의 나라는 천국입니다. 그리고 하나님의 나라는 교회를 통해 이 땅에서 경험할 수 있습니다.

대한민국 헌법은 통치 구조에 관해 규정하고 있습니다. 세상 나라의 헌법은 다음과 같이 규정하고 있습니다.

헌법 제66조 ① **대통령은 국가의 원수이며**, 외국에 대하여 국가를 대표한다.
④ 행정권은 **대통령을 수반으로 하는 정부**에 속한다.

헌법 제101조 ① **사법권은 법관으로 구성된 법원**에 속한다.
② 법원은 최고법원인 대법원과 각급법원으로 조직된다.
③ 법관의 자격은 법률로 정한다.

우리에게 가정과 교회, 국가 있다는 것은 참으로 좋은 일입니다. 가정과 교회, 국가는 모두 하나님께서 세우신 기관입니다. 최초의 결혼제도는 하나님께서 만드셨습니다. 아담에게 하와를 돕는 배필로 주신 분이 하나님이십니다. 그래서 부부는 하나님께서 짝지어 주신 것입니다. 그리고 가정도 하나님 안에서 참으로 소중합니다.

그다음으로 교회는 오순절에 성령께서 임하심으로 시작되었습니다. 성령님께서 역사하셔서 교회가 세워지게 되었습니다. 구약 시대에는 이스라엘 백성이 교회였습니다. 신약 시대에는 예수 그리스도를 믿는 모든 사람이 교회입니다. 그리고 교회는 하나님의 나라와 거의 같은 개념입니다. 그리스도인은 먼저 하나님의 나라에 속해 있음을 기억해야 합니다. 우리 자신이 교회이고 하나님의 통치를 받는 하나님의 나라입니다.

우리가 현실 속에서 살아가는 국가도 중요합니다. 그런데 그 국가 속에는 예수 그리스도를 믿지 않는 사람도 많이 있습니다. 그래도 국가는 일반은총 가운데 하나님께서 세우신 것입니다. 세상에서의 우리 그리스도인의 일도 중요합니다. 각자의 직업 속에서의 일들도 중요합니다만 교회에서 하나님께 예배드리는 삶이 더욱 소중하고 귀중하다는 사실을 우리는 기억해야 합니다.

우리는 교회에서 하나님의 나라를 경험합니다. 하나님의 통치를 경험합니다. 하나님의 살아 계심을 체험합니다. 이것이 진정으로 저희에게 필요합니다. 하나님께서 살아 역사하시는 분이심을 우리는 말씀을 통해 그리고 신앙 체험을 통해 알게 됩니다.

우리나라의 고등학교 정도의 수준이면 형법이 무엇이고, 범죄의 개념이 무엇인지에 대해 알게 됩니다. 형법상의 범죄의 개념은 실정 법률상의 범죄의 개념이고 죄가 성립하기 위해서는 굉장히 엄격한 규정이 있습니다. 형법에서 규정하는 범죄는 주로 나 아닌 타인에 대해 죄를 짓는 것을 말합니다. 예를 들어, 다른 사람을 때린다거나(폭행) 다치게(상해) 하는 것입니다.

엄격한 구성 요건을 규정해 놓고 그에 따라 형벌을 가하게 됩니다. 그런데 법률의 규정에는 회개라는 것이 없습니다. 후회하는 경우에 법관, 즉 판사가 형을 감면해 주기는 합니다.

우리 성경의 말씀에도 형법의 규정이 기록된 내용이 있습니다. "살인하지 말라, 도둑질하지 말라" 등은 형법의 규정과 비슷합니다. 그러나 성경은 그러한 죄를 짓게 되는 원인에 대해 말씀합니다. 그것은 최초의 인류가 죄를 범했기 때문입니다.

그리고 죄라는 것은 하나님과의 관계에서 말하는 것입니다. 우리나라 형법에서는 하나님 앞에서 죄를 범했다고 하지 않습니다. 우리 기독교인은 사실 누구를 때린다거나 하는 형법상의 범죄를 잘 짓지 않습니다. 그것은 성령님께서 저희 안에 계시기 때문에 저희는 다른 사람을 때리지 않습니다. 그리고 명예를 훼손시키는 일을 하지 않습니다. 우리가 연약하여 실수로 죄를 지었을 경우 우리는 먼저 하나님 앞에 죄를 지었음을 깨달아야 합니다.

다윗도 죄를 지었을 때 하나님 앞에 나아가 죄를 철저히 회개했습니다. 우리는 죄를 지었을 때 하나님과의 관계성을 생각해 보는 것이 필요합니다.

다음으로 죄를 지은 그 사람에게 사과하고 회개를 해야 합니다. 사람에게도 잘못을 사과해야 합니다. 이것이 회개입니다. 하나님의 말씀 성경은 우리에게 하나님과의 관계에서 그리고 사람과의 관계에서도 회개하도록 규정하고 있습니다.

하나님 나라에 들어가는 방법에 대해 예수님과 니고데모의 대화에서 잘 찾아볼 수 있습니다. 니고데모는 산헤드린 공회원이었습니다. 오늘날로 말하면 국회의원과 같은 신분을 가진 사람입니다. 신분상으로 남부럽지 않게 살아가는 사람이었습니다. 그런데 이 사람에게도 고민이 있었습니다. 산헤드린 공회원이었고 남부럽지 않게 살아가고 있는 사람이 예수 그리스도께 나아왔습니다. 율법에 대해서도 잘 알고 있었을 것입니다.

이런 사람이 무엇이 아쉬워서 주님께 나아왔겠습니까?

그 사람에게는 남이 모르는 고민이 있었습니다. 그는 영적인 삶에 관해 관심이 있었습니다. 이스라엘에 있는 높은 지위에 있는 사람 그가 그 당시 대부분의 정치종교 지도자는 관심을 두고 있지 않는 의문을 가지고 있었습니다. 그것은 예수 그리스도께서 말씀하시는 하나님의 나라였습니다.

그는 밤중에 몰래 예수 그리스도를 찾아왔습니다. 밤에 예수님을 찾아온 것은 다른 사람을 의식해서일 수도 있고 그만큼 고민이 깊었다는 의미일 수 있습니다. 어쨌든 니고데모는 밤중에 자신의 고민을 해결하고자 예수 그리스도께 나아왔습니다.

우리가 하나님의 나라에 들어가려면 먼저 자신이 죄인이라는 사실을 깨닫고 회개해야 합니다. 사람이 구원받기 전에 가장 깨지지 않는 고정관념이 자신이 죄인이라는 사실입니다. 흔히 사람들은 말합니다.

"나는 크게 죄짓고 산 일이 없는 데 왜 내가 죄인이냐?"

그러나 성경은 인간이 죄인이라고 말씀하고 있습니다.

왜 인간이 죄인인가?

인간이 하나님의 품을 떠나 하나님과 교제하지 못하고 자기 마음대로 살아가는 것이 바로 죄인의 삶입니다. 하나님 없이 자기가 주인이 되어 사는 것이 바로 죄인의 삶입니다.

우리가 구원받기 위해서는 우리가 죄인이라는 사실을 인정해야 합니다. 그리고 고백해야 합니다.

"저는 죄인입니다. 하나님께서 하지 말라는 일은 하고, 하라는 일은 하지 않는 죄인입니다."

> 죄에서 자유를 얻게 함은 보혈의 능력 주의 보혈
> 정결한 마음을 얻게 하니 참 놀라운 능력이로다
> 주의 보혈 능력있도다 주의 피 믿으오
> 주의 보혈 그 어린양의 매우 귀중한 피로다
>
> 육체의 정욕을 이길 힘은 보혈의 능력 주의 보혈
> 정결한 마음을 얻게 하니 참 놀라운 능력이로다
> 주의 보혈 능력이 있도다 주의 피 믿으오
> 주의 보혈 그 어린양의 매우 귀중한 피로다
>
> (찬송가 268장 〈죄에서 자유를 얻게 함은〉)

하나님의 나라에 들어가는 것은 거듭남을 말합니다. 예수님께서 니고데모에게 하신 말씀입니다.

> 예수께서 대답하시되 진실로 진실로 네게 이르노니 사람이 물과 성령으로 나지 아니하면 하나님의 나라에 들어갈 수 없느니라(요 3:5).

사람이 물과 성령으로 거듭나지 아니하면 하나님의 나라에 들어갈 수 없다고 말씀하십니다. 하나님의 나라가 있다는 것을 아는 것은 영적인 일입니다. 우리의 영이 거듭나야지만 하나님에 대해 알 수 있고 하나님의 나라에 대해 알 수 있습니다.

하나님과 예수 그리스도를 믿게 해 주시고 하나님의 나라에 들어가게 하는 분은 성령님이십니다. 그래서 주님께서 사람이 물과 성령으로 거듭나지 아니하고는 하나님의 나라를 볼 수 없느니라고 말씀하신 것입니다.

죄로 인해 영이 죽은 인간은 성령으로 거듭나게 됩니다. 다시 태어나는 것은 어머니 뱃속에 들어갔다가 나오는 것이 아니라 성령님을 통해 주시는 하나님의 말씀을 받아들이고 우리 주 예수 그리스도를 구주로 믿을 때 거듭나게 됩니다. 하나님의 나라에 들어가려면 주님의 십자가와 부활을 믿어야 합니다.

주님께서 이 땅 위에 오신 목적은 하나님의 구속 사업을 완성하기 위해 오셨습니다. 하나님께서는 죄를 범한 인간이라도 사랑을 하셨습니다. 그런데 인간이 죄인이기 때문에 대가를 치르지 않고 사랑을 해줄 수가 없습니다. 하나님은 공의로우시기에 죄에 대해서는 반드시 형벌을 가하셔야 합니다. 그래서 하나님께서는 자신의 하나밖에 없는 유일한 아들을 인간들의 죄를 위해 내어 주셨습니다. 그래서 인간들이 받아야 할 형벌을 하나님의 아들이 대신 다 받으셨습니다.

하나님께서 인간들이 죽어야 하고 지옥을 가야 마땅한데 하나님의 아들에게 인간들이 당할 진노를 모두 쏟아부으셨습니다. 이것은 엄청난 하나님의 사랑입니다. 우리는 하나님의 놀라운 사랑을 받은 사람입니다.

예수 그리스도께서 왜 이렇게 십자가에서 처절하게 절규하면서 죽으셔야 했습니까?

그것은 바로 우리의 죄 때문입니다. 우리가 죽어 마땅한 흉악한 죄인인데 우리 대신 죄의 형벌을 모두 지시고 십자가에 달려 돌아가셨습니다.

그리고 죄가 없으신 예수님은 죽으신 지 사흘 만에 부활하셨습니다. 주님께서 우리의 죄를 위해 죽으시고 우리가 의롭다 하심을 위해 다시 살아나심을 믿어야 우리는 구원받고 영생을 얻으며 하나님의 나라에 들어갈 수 있습니다.

구원받기 위해서는 나의 죄를 회개하고 주 예수 그리스도를 구주로 믿어야 합니다. 독자분들이 구원의 확신을 소유하고 믿음 있게 담대하게 살아가시기를 바랍니다.

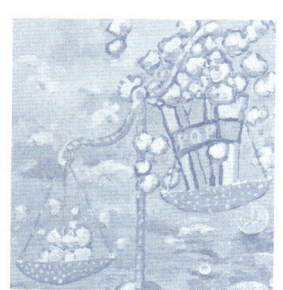

PART 3

하나님의 축복과 경제 성장

1. 민주화 운동 시기의 한국 교회와 축복
2. 우리나라의 국익이 우선되는 민족주의의 타당성
3. 하나님을 만남으로 인한 영적이고 육적인 축복
4. 직업과 물질의 축복
5. 가난한 자를 돌보는 자의 축복

*　　*　　*

하나님의 통치에는 하나님의 축복 영역이 반드시 있다고 생각합니다. 일반적으로 사회개혁을 이야기할 때는 하나님의 축복에 대해 말하지 않지만, 저는 하나님의 축복 영역이 중요하다고 생각합니다.

구약 시대나 신약 시대에 모두 하나님의 축복이 있었습니다. 구약은 주로 물질적인 개념이었지만, 신약 시대에는 영적인 축복의 개념이었습니다. 축복의 개념을 현대에 적용해 보면 저는 경제 성장이라고 생각합니다.

우리나라가 경제가 성장하는 나라가 되었으면 좋겠습니다. 사실 분배와 사회개혁도 경제의 성장 속에서 이루어지게 되는 것입니다.

1. 민주화 운동 시기의 한국 교회와 축복

　1970년대와 1980년대는 군사 정권에 의한 통치의 시기로서 국가안전기획부에 의한 공포정치가 행해진 때였습니다. 당시의 지식인들은 대한민국이 민주화되는 것을 원했습니다. 그 당시의 민주화라는 것은 민주적인 절차인 선거에 따라 정권이 교체되는 것을 의미합니다.

　그러나 군사 정권은 정권을 민간인에게 넘겨주지 않고 정권의 사냥개였던 안기부를 동원해 민주화 운동을 했던 사람들을 탄압했습니다. 대부분 사람은 민주화 운동이 있었던 시기에 각자 자기의 일을 열심히 했습니다. 그러나 1987년의 6월 항쟁과 같이 많은 국민이 민주주의 직선제를 이루기 위해 거리로 뛰쳐나온 일도 있었습니다.

　1980년대 당시의 민주화 운동을 했던 대학의 총학생회에는 분명히 민족민주주의나 민중민주주의 진영 모두 공동으로 급진적인 진보사상이 있었던 것 같습니다. 그런데 아이러니하게도 박정희 군사 정부는 경제를 발전시킨 공로는 있습니다. 경제 성장이 군사 정부를 통해서 이루어지게 된 것입니다.

　그런데 통계적으로 밝힐 수는 없지만, 한국 경제는 '문민정부'와 '국민의 정부'에서 가장 성장했던 것 같습니다. 물론, 문민정부 말기에 IMF 사태가 있었기는 합니다만 김영삼, 김대중 정부 시기에 가장 한국 경제가 성장한 때가 아닌가 싶습니다.

　이와 함께 한국 교회도 그 시절에 가장 폭발적인 성장을 했던 것 같습니다. 하나님께서는 김영삼 대통령의 문민정부와 김대중 대통령의 국민의 정부 시절에 경제가 가장 많이 성장하게 하시고 교회도 크게 성장하게 하셨습니다. 그것은 전 세계에 복음을 전하게 하기 위한 하나님의 뜻이었습니다.

지금 우리나라는 인구 절벽의 시대에 돌입했습니다. 국가의 국부(國富)는 인구가 증가하는 것도 포함된다고 봅니다. 지금은 출산율이 매우 낮습니다. 그리고 국가 경제는 코로나의 위험과 출산율의 저하, 일본 경제의 약진, 미국과 중국의 패권전쟁과 무역 갈등으로 인해 많이 힘든 상황입니다.

우리나라의 경제 성장 원인은 성도들의 새벽기도와 성도들을 축복하시는 하나님의 역사가 있었다고 생각합니다. 지금은 다시 경제가 성장해야 하는 시점에 있습니다. 그렇다고 해서 군사 정권에서 썼던 경제 개발 방식이 필요한 것은 아닙니다. 지금은 AI 인공지능의 발달, 우주 산업, 나노 산업 등 최첨단 산업의 발달이 필요한 시대입니다. 경제 성장을 할 수 있는 동력이 계속 작동하기 위해서는 부단한 신기술의 개발과 혁신이 필요합니다.

그리고 그와 함께 하나님께서 대한민국을 축복해 주시기를 기도해야 합니다. 우리 성도님들의 축복은 믿지 않는 사람의 축복이기도 합니다.

우리는 아브라함처럼 하나님 축복의 통로입니다.

> 당신은 하나님의 언약 안에 있는 축복의 통로
> 당신을 통해서 열방이 주께 돌아오게 되리.

우리는 하나님의 축복 속에 경제가 성장하면서 적정한 분배를 이루어 내야 합니다. 자유와 평등의 조화로운 세상 이것이 지금의 사회에 가장 필요하다고 생각합니다.

민주화 운동을 하던 1970-80년대 당시 우리나라 기독교는 너무나도 조용했습니다. 그러나 반드시 조용했던 것만은 아닙니다. 사회주의의 측면에서 보면 개량주의라고 할 수 있지만, 우리는 개혁주의 사상에 따라 정치, 경제, 사회, 문화의 영역에서 점진적인 개혁을 추구했습니다. 하나님의 말씀과 사상에 대해 가르치고 신자 개개인이 사회 속에서 개혁주의 마인드를 품고 사회개혁을 위해 노력했습니다.

우리 한국 경제는 다시 한번 성장을 해야 합니다. 성장해야 분배를 할 수 있습니다. 최근에 북한과 평화를 유지함으로 "평화가 곧 경제다"라고 말하기도 합니다. 일리 있는 이야기라고 생각합니다. 국방력에 들어가는 비용을 줄이고 북한의 개혁, 개방을 유도해 값이 싼 노동력으로 상품을 생산해 국제사회에 공급할 때 우리 경제는 더욱더 발전합니다. 이것은 긍정적인 요소가 많이 있고 이렇게 하는 것이 필요합니다. 많은 경우에 정치, 경제적인 시스템은 정립되어 가고 있습니다.

우리나라에서 발전할 수 있는 모든 정책을 실시해 보는 것이 필요합니다. 동남아 지역으로의 적극적인 진출도 계속되어야 합니다. 대한민국 경제가 하나님의 축복 속에 성장해 분배가 잘 이루어지고 하나님의 뜻이 이 땅 위에 이루어지기를 바랍니다.

2. 우리나라의 국익이 우선되는 민족주의의 타당성

　우리나라 경제와 국방의 영역에 있어서 우리는 독자적인 자주성을 가지고 정책실시를 해야 합니다. 지금 세계는 과도한 경쟁 시대로서 서로 자기 국가의 이익을 도모하는 시대가 되었습니다.

　저는 다른 무엇보다도 우리나라의 국가이익을 추구하기 위해 최선을 다해야 한다고 봅니다. 저는 미국과도 친하고 중국과 무역하는 일이 필요하다고 봅니다. 어느 하나 중요하지 않은 것이 없고 두 국가 모두와 우리는 좋은 관계성을 가져야 합니다.

　그리고 북한과도 지나치게 갈등하는 방향으로 가서는 안 됩니다. 북한과도 좋은 관계성을 가져야 합니다. 그런데 북한은 우리나라와의 관계성에 있어서 진실하게 행동하지 않습니다. 물론, 자기 국가의 이익을 도모하기 위해 그렇겠지만 그들은 겉과 속이 다른 일을 많이 하고 있습니다.

　우리는 국가 경제를 성장시키고 북한과 기본적으로 평화 정책을 추구하되 국방력의 강화가 필요합니다. 국방력의 강화는 일본과의 관계성에서 볼 때도 필요하다고 봅니다. 일본은 우리의 우방국일 수 있지만 그들은 내심 우리나라가 잘되지 않기를 바라고 있습니다. 그리고 경제적으로 상극의 관계가 있는 것 같습니다. 그래서 우리 경제가 잘되면 일본 경제가 성장하지 않고 일본 경제가 성장하면 우리나라 경제가 좋지 않습니다.

그리고 일본은 언제든지 우경화될 위험이 있습니다. 지금도 정치는 극우로 가고 있습니다. 일본 제국주의, 군국주의 세력이 부활하지 않도록 하기 위해서도 우리는 우리나라 자체의 이익을 추구해야 합니다.

물론, 다른 나라의 어려움을 보고 그들에게 도움을 주는 국제적인 활동이 있어야 함은 꼭 필요합니다. 그러나 우리에게 궁극적으로 중요한 것은 우리나라의 경제와 국방은 미국이나 일본의 도움이 아니라 우리 스스로 자주 경제와 국방을 이룩하려고 노력해야 합니다.

외세의 도움 없이 우리나라의 기술을 혁신하고 경제를 개발해 경제가 성장하는 일이 중요합니다. 우리는 하나님께 우리나라를 축복하시기를 기도해야 합니다. 그리고 자주국방을 이루는 민족주의를 실현해 나가야 합니다.

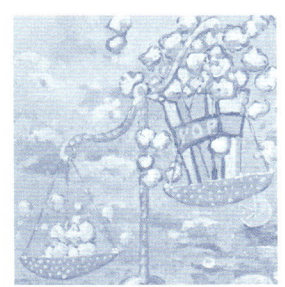

3. 하나님을 만남으로 인한 영적이고 육적인 축복

우리가 하나님의 축복을 받고 살아가는 삶은 참으로 즐겁고 유쾌합니다. 신자는 영적, 육적 그리고 사회적으로 하나님께서 주시는 축복이 있습니다.

우리는 예수 그리스도를 믿음으로 구원받았습니다. 우리가 예수 그리스도를 믿는다는 것은 그분과의 인격적인 교제를 나누는 것을 의미합니다. 하나님은 우리를 매우 인격적으로 대우하십니다. 성령님은 인격적인 하나님이십니다.

우리는 예수 그리스도를 만남으로 구원받았습니다. 사실 우리가 하나님과 예수 그리스도를 만나서 얻는 가장 큰 축복은 구원의 복입니다. 구원은 다른 어느 것과 비교할 수 없는 놀라운 축복입니다.

구약 시대에 하나님께서는 선지자들을 통해 이스라엘과 이방의 사람들에게 하나님께로 나아오라고 말씀하셨습니다. 하나님을 만날 만한 때 만나서 교제를 누리라는 것입니다.

우리가 하나님의 자녀가 되면 하나님께서 우리에게 필요한 모든 것을 공급해 주십니다. 신약 시대에는 일용할 양식으로 표현이 되었습니다. 하나님을 만나 하나님의 자녀가 된 사람에게 하나님께서 놀라운 축복을 주시는 것입니다.

이것이 민족적으로 해석하면 하나님께서 우리 민족에게 복을 주시는 것입니다. 필요한 것도 주시고 우리를 잘살게 하시고 경제가 성장하게 해 주신다고 믿습니다.

우리가 하나님의 축복을 받으려면 하나님을 만나야 합니다.

> 너희는 여호와를 만날 만한 때에 찾으라 가까이 계실 때에 그를 부르라(사 55:6).

하나님을 진정으로 만나야 우리가 축복받을 수 있습니다. 하나님을 만날 만할 때, 하나님께서 만날 기회를 주실 때 하나님을 찾으라고 말씀하십니다. 그리고 하나님께서 가까이 계실 때 그를 부르라고 말씀하십니다.

우리가 하나님을 어떻게 만나게 됩니까?

먼저, 하나님께서 우리를 부르시고 찾아오십니다. 그리고 우리에게 하나님의 말씀을 선포해 주십니다. 살아 계신 하나님의 말씀을 들을 때 우리의 영혼을 살아나게 됩니다. 말씀과 기도를 통해서 우리는 하나님을 만나게 됩니다. 우리는 하나님의 말씀을 통해 거듭남의 은혜를 받게 됩니다.

우리는 하나님의 놀라운 말씀을 들어야 합니다. 그리고 말씀에 순종해 하나님을 만나야 합니다. 살아 계신 하나님께서 지금도 우리를 만나기를 원하십니다.

사랑하는 독자 여러분!

하나님을 만나셨습니까?

살아 계신 주님을 만나고 기뻐하고 계십니까?

우리를 구원하고자 하시는 하나님의 놀라운 말씀을 잘 들어야 합니다. 믿음은 들음에서 난다고 했습니다. 세상에서도 알아야 면장을 한다고 했습니다. 하나님에 대해 알아야 합니다. 말씀을 들으면 알 수 있습니다. 또한, 우리는 기도를 통해 하나님을 만날 수 있습니다.

가까이 계실 때에 나를 부르라고 하시지 않으셨습니까?

하나님께서 우리를 부르십니다. 우리가 기도할 때 성령이 역사하셔서 하나님을 만나게 하십니다. 그러므로 우리는 만날 만한 때를 찾아서 우리 하나님과 만나야 합니다. 기도해야 합니다. 간절히 부르짖어야 합니다.

"살아 계신 하나님!

저를 만나 주십시오. 주님 사랑합니다. 주님, 저를 도와주시고 저와 동행해 주세요. 요즘 저의 삶이 너무 힘들어요. 전능하신 하나님의 능력으로 저를 도와주시고 함께해 주세요."

이렇게 기도하시기 바랍니다. 그러면 정말로 만날 만한 때 나를 찾으라 하신 주님이 우리를 만나 주십니다. 주님의 성령이 우리의 심령에 오셔서 우리의 어려움을 터치해 주십니다. 성령의 터치가 있습니다. 성령님께서 우리의 어려운 마음을 어루만져 주십니다.

"사랑하는 나의 아들아! 사랑하는 나의 딸아!

얼마나 고생이 많았니?

내가 너와 함께해 줄게. 너를 참으로 도와줄게."

성령이 말씀해 주십니다.

"참으로 너를 도와주리라"(사 41:10).

하나님께서는 우리에게 하나님을 만날 기회를 주십니다. 우리가 하나님께 예배를 드릴 때 그리고 우리가 삶에 지쳐서 힘들어 하나님께 기도할 때 하나님께서는 우리를 만나 주십니다. 하나님을 만날 만한 기회에 하나님을 만나야 합니다. 지금이 바로 그때입니다. 하나님을 만나 우리의 문제를 해결 받아야 할 때입니다. 하나님께서는 우리에게 필요한 모든 일용할 양식을 공급해 주십니다. 하나님께서는 우리에게 필요한 것이 무엇인지 다 알고 계십니다.

하나님께 기도하시기를 바랍니다. 하나님께서는 우리의 간구하는 기도를 외면하지 않고 응답해 주실 것입니다. 그리하여 하나님께서 주시는 복을 누리는 삶을 사시기를 바랍니다. 하나님을 만나면 하나님께서는 우리에게 형통의 복과 하나님과 교통하는 복을 주십니다. 하나님 앞에 기도하고 회개하면 형통의 축복을 받습니다.

하나님 앞에서 올바르게 살면 비와 눈이 내려서 땅에 소출이 풍성해지듯이 우리 하나님께서 우리에게 형통의 복을 주십니다.

먼저, 영적으로 하나님께서 성령을 통해 우리에게 메마른 심령의 대지에 단비가 내려 하나님의 놀라운 은혜를 체험하듯이 우리가 하나님의 놀라운 은혜를 체험하게 됩니다.

우리에게 성령의 운행하심과 교통하심이 있어야 우리는 정말로 우리의 영혼이 기뻐하며 즐거워하는 삶을 살 수 있습니다. 또한, 하나님께서는 우리의 육체적인 삶에 복을 주십니다. 우리에게 풍성한 복으로 함께 해 주십니다. 우리가 하나님 앞에 기도하면 하나님께서는 우리의 기도를 들으시고 응답해 주십니다. 그리고 우리에게 일용할 양식과 모든 풍성한 것으로 채워 주십니다.

4. 직업과 물질의 축복

하나님께서는 인간이 잘되기를 원하십니다. 우리는 하나님께서 만드신 피조물입니다. 하나님께서 우리를 만드셨을 때 우리를 하나님께 완전히 종속되게 만드시지 않으셨습니다. 하나님께서는 우리에게 자유로운 가운데서 하나님의 질서를 지키면서 하나님과 교제하기를 원하셨습니다.

하나님께서는 우리 인간에게 자유의지를 주셨습니다. 로봇처럼 우리를 하나님이 시키는 대로 살도록 만드시지 않으셨습니다. 우리에게 하나님께서는 모든 것을 주셨습니다. 다만 한 가지 선악을 알게 하는 나무의 실과는 먹지 말라고 하셨습니다. 이것은 하나님과 우리의 관계를 유지하기 위한 최소한의 질서였습니다. 이렇게 하나님께서는 우리 인간에게 모든 것을 주셨습니다. 하나님을 대신해서 이 세상을 다스릴 수 있는 권리를 주신 것입니다.

직업은 우리가 살아감에 있어서 중요합니다. 직업은 소명이라는 말에서 비롯되었습니다. 종교개혁가 칼빈은 직업과 구원의 연관성에 대해 논의하기도 했습니다. 어떤 사람이 직업을 가지고 생활을 한다는 것은 그 사람을 하나님께서 예정했다고까지 본 것입니다. 우리가 직업 속에서 축복받고 살아가는 것은 중요합니다. 모든 직업은 거룩한 것입니다. 범죄와 연관이 되어있지만 않으면 모든 직업이 성직입니다.

야곱의 축복 중에서 요셉을 축복한 내용을 보면 하나님께서 요셉에게 직업과 물질의 축복을 주신 것을 알 수 있습니다. 하나님께서 요셉에게 복을 주십니다. 우리 인간이 다른 사람에게 줄 수 있는 것은 완전한 것이 없습니다. 다른 사람을 도와준다고 하더라도 완전하게 도와주지는 못합니다. 또한, 인간은 결정적으로 사람을 구원할 수 있는 축복을 줄 수 없습니다. 인간이 다른 사람에게 주는 도움은 한계가 있습니다.

그러나 하나님께서 인간에게 주시는 복은 영원한 복입니다. 그것은 우리의 생명이 구원을 얻고 주님의 생명으로 인해 우리가 풍성한 삶을 살 수 있게 만들어 주시는 것입니다.

하나님을 믿는 자에게 하나님께서는 풍성한 축복을 주십니다. 삶 속에서 하나님께서 주시는 축복이 있습니다. 모든 것을 공급해 주시고 채워 주십니다. 물질적으로 어려움이 없도록 하나님께서 채워 주시고 함께해 주십니다. 하나님을 잘 믿으면 내가 복을 받습니다. 그리고 가정이 복을 받고 나라와 민족이 복을 받습니다.

> 요셉은 무성한 가지 곧 샘 곁의 무성한 가지라 그 가지 담을 넘었도다(창 49:22).

요셉을 샘 곁의 무성한 가지라고 야곱은 축복하고 있습니다. 가지가 자라는 데 있어서 특별히 샘 곁의 가지일 경우에 아주 잘 자라게 됩니다. 그 이유는 샘 곁에서는 샘에서 물이 계속 나오기 때문에 뿌리가 물을 충분히 흡수해 잘 자라게 되기 때문입니다. 이스라엘에는 시냇가에 심은 나무나 이렇게 샘 곁에 심은 나무가 있습니다. 이러한 나무는 시냇가나 샘으로부터 수분을 충분히 공급받아 그 가지가 무성하고 많은 열매를 맺을 수 있습니다. 요셉이 샘 곁의 가지로서 무성하게 가지가 뻗어 나갈 것을 말씀하고 있습니다. 이 가지가 뻗어 나가 담을 넘었다고 말씀하고 있습니다. 가지가 뻗어 담을 넘었다는 것은 그만큼 영향력이 크게 미치게 됩니다.

　요셉이 살아가면서 형들의 시기를 받아 애굽으로 팔려 가게 되고 시위 대장 보디발의 집에서 잘 살다가 또 보디발의 아내의 모함으로 인해 감옥에 갇히게 되었습니다. 요셉은 감옥에서 술 맡은 관원장과 떡 굽는 관원장을 만나서 그들의 꿈을 해석해 주게 되었습니다. 술 맡은 관원장은 다시 복직되고 살게 되었습니다. 이 술 맡은 관원장의 도움으로 인해 요셉은 애굽의 바로의 꿈을 해석해 주게 되었습니다. 바로의 꿈을 잘 해석해 주어서 요셉은 애굽의 국무총리가 되었습니다. 그야말로 야곱의 축복과 같이 그 가지가 무성해져서 담을 넘게 되었습니다. 놀라운 영향력을 행사하는 하나님의 축복을 받은 것입니다.

　또한, "무성한 가지가 담을 넘었다"라는 말씀은 풍성한 복을 누리게 말합니다. 시냇가의 나무가 시절을 쫓아 열매를 맺으며 그 잎사귀가 마르지 않는 축복을 누림과 같이 샘가의 나무가 풍성한 열매를 맺게 되는 것입니다.

　하나님은 우리에게 풍성한 은혜를 부어 주십니다. 우리의 영혼을 구원해 주시고 우리에게 필요한 모든 쓸 것을 풍성하게 채워 주십니다. 우리가 생활하는 데 물질의 어려움이 없도록 해 주십니다. 하나님을 잘 믿는 민족에게 하나님이 크신 복을 주십니다.

　주님께서 말씀하셨습니다.

　"도둑이 온 것은 도둑질하고 죽이고 멸망시키려는 것이요 내가 온 것은 양으로 생명을 얻고 더욱 풍성하게 얻게 하려 함이니라."

　사탄이 하는 일은 우리의 영혼을 도둑질하고 우리를 파멸케 하고 멸망시키려고 합니다. 그러나 주님께서 하시는 일은 우리가 생명을 얻되 더욱 풍성하게 얻게 하시려는 것입니다.

　하나님께서는 재능을 통한 직업 속에서의 축복을 주십니다.

하나님께서는 하늘의 보고를 여시고 우리에게 축복해 주십니다. 이스라엘 백성에게는 농사를 짓기 위해서는 비가 절대적으로 필요했습니다. 하나님께서는 이른 비와 늦은 비를 주셔서 이스라엘 백성이 농사를 지을 수 있는 환경을 만들어 주셨습니다.

이른 비는 10월에 내리는 비로 주로 곡식을 파종할 때에 내리고 늦은 비는 5월에 내리는 비로 곡식을 수확할 때에 내리게 됩니다. 이스라엘 백성은 모든 것을 하나님께 의존하게 되었습니다. 하나님께서 비를 내려 주셔야 이스라엘 백성이 농사를 짓게 되었습니다. 하나님의 도우심이 절대적으로 필요한 것입니다. 하나님께서는 하나님을 믿는 사람들에게 이른 비와 늦은 비의 축복과 같이 우리에게 축복을 베풀어 주시는 분이십니다.

그리고 젖먹이의 복과 태의 복을 주신다고 말씀하십니다. 주님께서 자녀 생산의 복을 주신다고 말씀하십니다. 자녀가 많은 것이 하나님의 축복입니다. 자녀가 많은 것을 시편 기자는 "장사의 수중에 있는 화살과 같다"라고 했습니다.

옛날에는 농사를 지어야 하고 또한, 외적이 침입해 올 때 그들을 물리치기 위해서 많은 장정이 필요했습니다. 자녀가 많고 인구가 많은 것이 축복이었습니다. 하나님께서는 우리 인간을 만드시고 말씀하셨습니다.

··· 생육하고 번성하여 땅에 충만하라 ··· (창 1:28).

하나님의 말씀대로 사는 것이 중요합니다. 우리가 하나님의 뜻대로 하나님의 말씀대로 살면 하나님께서는 우리에게 자녀의 복을 주십니다.

구약 시대에 나타난 하나님의 축복을 살펴볼 때 현대의 우리 사회에서도 우리는 하나님을 잘 믿고 살아갈 때 우리에게 하나님께서 복을 주시는 것을 깨닫게 됩니다. 우리에게 축복을 주시는 하나님, 살아 계신 하나님은 지금도 우리에게 직업 속에서 복을 주시고 나라와 민족에 경제 성장의 축복을 주시는 하나님이신 줄로 믿습니다.

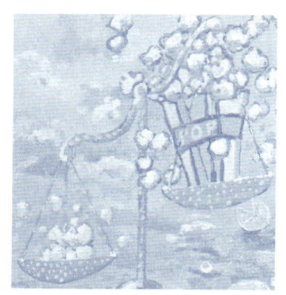

5. 가난한 자를 돌보는 자의 축복

　신자의 삶에는 2대 원리가 있습니다. 그것은 주님께서 말씀해 주신 "하나님을 사랑하고, 이웃을 사랑하라"입니다. 우리는 위로는 하나님을 사랑합니다. 하나님과의 관계성이 참으로 중요합니다. 하나님과 잘 지내야 합니다. 하나님을 나의 아버지로 잘 섬겨야 합니다. 영적으로 하나님과 화목한 사람은 하나님과 기쁘고 즐겁게 잘 지내게 됩니다.
　아래로는 이웃을 내 몸과 같이 사랑하라는 삶을 살게 됩니다. 이웃을 사랑하는 것은 이웃에게 긍휼과 사랑을 베푸는 삶을 사는 것입니다. 하나님께서는 이웃에게 긍휼을 베푸는 자에게 복을 주십니다.
　하나님께서는 가난한 사람을 돌보는 사람에게 재앙의 날에 건져 주신다고 하셨습니다. 가난한 사람을 도와주는 자에게 하나님께서는 "재앙의 날에 건져 주신다"라고 약속하셨습니다. 하나님께서는 사람을 사랑하시는데 특히 가난한 사람들에게 관심을 많이 가지고 계십니다. 물론, 예수 그리스도를 믿는 사람 중에는 부자도 있고 가난한 사람도 있습니다. 그리고 가난한 사람은 그 생활을 제대로 영위할 수 없기에 다른 사람의 도움이 필요합니다.
　예수님은 제자들과 함께 다니실 때 본인이 직접 가난한 자의 삶을 체험하셨습니다. 예수님은 굶주림과 추위에 시달리셨습니다. "여우도 굴이 있고 공중의 새도 거처가 있으되 인자는 머리 둘 곳이 없다"(마 8:20)라고 하셨습니다. 예수님이 사신 삶은 고난의 삶이었습니다. 예수님은 가난하고 청빈한 삶을 사셨습니다. 예수님은 하나님의 아들이셨기 때문에 모든 것이 가능한 분이셨습니다. 마음만 먹으면 얼마든지 부유하게 누리면서 사실 수 있으셨습니다.

예수님의 첫 번째 물질 시험에서 사탄은 돌들로 떡을 만들라고 말했습니다. 예수님은 돌들로 떡을 만들 수 있는 분입니다. 그러나 하나님의 창조 법칙에 어긋나는 일을 하지 않으셨습니다. 예수님은 눈속임을 하는 마술사도 아니셨습니다. 분명히 하나님의 아들로서 능력을 행하실 수 있음에도 절제를 하셨습니다.

예수님께서 부유하심을 보여 주신 사건이 있습니다. 그것은 바로 보리떡 다섯 개와 물고기 두 마리로 오천 명을 먹이신 사건입니다. 예수님은 가난한 사람들이 하나님의 말씀을 들은 후 배가 고프다는 사실을 아셨습니다. 그래서 소년이 가져온 도시락인 보리떡 다섯 개와 물고기 두 마리로 기적의 역사를 이루셨습니다. 이것을 통해 주님께서는 가난한 민중을 배불리 먹여 주셨습니다.

구약 시대부터 가난한 자를 보살피라고 하나님께서는 말씀하십니다. 가난한 자를 위하여 먹을 것을 다 거두지 말고 남겨 두라고 말씀하셨습니다. 또한, 희년 제도는 부가 일부 소수에게 집중되는 것을 막고 가난한 사람들에게 땅이 잘 분배되도록 하는 제도입니다. 선행을 베풀어 주는 것은 또 다른 은혜를 갚아 주는 것으로 나타나게 됩니다. 다윗은 가난한 자를 도와주는 자를 하나님께서는 재앙의 날에 건져 주신다는 것을 알았습니다.

그렇습니다. 하나님의 말씀은 사실이므로 우리가 실천해 봅시다. 우리가 하는 십일조와 어려운 일이 있을 때 하는 부조 모두 하나님께서 우리를 도와주시는 일입니다. 그러므로 우리는 적극적으로 어려운 형편에 있는 사람을 도와주는 일을 잘 감당합시다. 그리하면 하나님께서 우리를 재앙의 때에 건져 주시는 도움을 받을 수 있습니다.

여호와 하나님께서 살리시고 복을 주십니다.

가난한 자를 도와주는 자를 여호와 하나님께서 살게 해 주십니다.

죽음에서 건져 주십니다.

가난한 자를 도와주는 자에게 하나님께서 살려 주신다고 약속하십니다.

가난한 자를 돕는 것은 선을 행하는 것입니다.

하나님께서는 선을 행하는 자의 생명을 살려 주십니다.

가난한 자에게 선행을 베풀어 주는 자를 지켜 주시고 보호해 주십니다.

그래서 다윗은 의롭게 살아가려고 노력했고 선(善)을 행하고자 했습니다.

가난한 자를 보살피는 자에게 세상에서 복을 주신다고 말씀하십니다.

가난한 자는 하나님께 빚을 지고 있는 사람입니다.

하나님께 빚을 지고 있는 사람을 도와주는 것은 하나님께 큰 영광이 되는 것입니다.

가난한 자를 아주 소중하게 생각하십니다.

가난한 자를 사랑하십니다.

가난한 자를 보살펴 주기 위해 사회적인 정책을 실시하도록 하셨습니다.

가난한 자를 도와주어야 사회의 어려움이 없습니다. 사회가 잘 작동됩니다.

가난한 자를 도와주고 보살피는 일에 노력했으면 좋겠습니다.

그러면 주님께서 우리를 참으로 도와주실 것입니다.

우리를 어려움에서 건져 주셔서 살려 주시고 복을 주실 것입니다.

가난한 자를 보살피는 자에게 하나님께서 병을 고쳐 주십니다.

하나님께서는 가난한 자를 보살펴 주는 자에게 병상에서 병을 고쳐 주신다고 말씀하십니다.

하나님께서는 선(善)을 행하는 자의 질병을 고쳐 주십니다.

일반 사회에서도 가난한 자를 구제하면 복을 받는다고 합니다. 하나님의 말씀도 이렇게 가난한 자를 보살피면 복을 주신다고 말씀하십니다.

히스기야왕은 평소에 하나님을 잘 섬겼습니다. 히스기야왕은 우상숭배를 철폐하고 하나님의 말씀대로 행동했습니다. 하나님 앞에 정직하게 행동했습니다. 이러한 히스기야왕이 질병이 걸렸습니다. 몸에 종기가 생겨 죽게 되었습니다. 이때 히스기야왕은 얼굴을 벽으로 향하고 기도했습니다. 하나님께 제가 평소에 하나님 앞에서 선하게 행동을 한 것을 기억해 달라고 기도했습니다. 히스기야왕이 하나님 앞에 선하게 행동한 것을 기억해 달라고 기도하자 하나님께서 그것을 기억하시고 히스기야왕을 질병에서 건져 주셨습니다.

하나님께서는 가난한 자를 보살피는 자에게 어려움에서 건져 주시고 살려 주십니다. 생명을 지켜 주십니다. 그리고 세상에서 잘되게 해 주십니다. 또한, 우리가 질병에 걸렸을 때 질병에서 건져 주신다고 약속해 주셨습니다. 이 말씀을 기억하고 선한 행함으로 말미암아 하나님의 긍휼하심을 받고 크신 축복을 받으시는 성도님들이 되시기를 바랍니다.

PART 4

하나님의 공의에 기반한 사회개혁
(헌법과 사회 참여)

1. 개혁신앙에 바탕을 둔 사회개혁
2. 대한민국 헌법과 중도주의 정치관
3. 진리 되신 예수 그리스도와 변함없는 하나님의 말씀
4. 하나님의 나라와 같은 사회
5. 파수꾼의 사명(복음의 증거와 사회 참여의 나팔을 불어라)
6. 진정한 왕, 나의 하나님
7. 생명이 살아 숨쉬는 법
8. 사회를 개혁하는 길
9. 하나님의 통치
10. 성경과 시민 사회의 친화력
11. 일어나 빛을 발하라
12. 세상의 소금과 빛
13. 하나님 나라의 시민, 세상 나라의 시민
14. 민족을 세우시고 주관하시는 하나님

1. 개혁신앙에 바탕을 둔 사회개혁

　신앙을 가진 사람과 신앙이 없는 사람은 가치관과 생활방식에서 많이 다릅니다. 신자는 예수 그리스도의 십자가와 부활을 믿음으로 구원받습니다. 십자가와 부활을 펼쳐 놓은 것이 개혁 신학인데 믿음의 근거는 개혁주의 신학이라고 할 수 있습니다.

　개혁 신학은 주로 칼빈 신학을 말합니다. 칼빈 신학은 "오직 성경, 오직 믿음, 오직 은혜, 오직 하나님께 영광을"이라는 정신이 중요합니다. 우리 삶의 기초는 개혁 신학입니다.

　우리가 세상에서 살아갈 때 개혁 신앙을 가지고 살아가는 것이 중요합니다. 교회에서는 교회의 방식으로 세상에서는 세상의 방식으로 살아가는 것은 이원론적인 삶입니다. 교회에서 개혁 신앙으로 구원받았으면 사회에서도 개혁 신앙으로 살아가야 합니다.

　교회에서 우리가 배우는 것은 구원과 예배 그리고 복음 전도입니다. 그리고 사회 속에서는 빛과 소금의 삶, 개혁적인 삶을 사는 것을 말합니다. 개혁 신앙으로 사회 속에서 살아가는 삶은 모든 폭력을 배제하고 개혁적인 자세를 가지고 사회를 개혁하면서 살아가는 것입니다.

　정치와 경제 그리고 사회와 문화 속에 그리스도의 주권을 실현하면서 살아가는 것입니다. 그러므로 우리가 세상 속에서 빛과 소금의 삶을 살기 위해서는 거룩한 삶이 요구됩니다. 많은 경우 세상 사람, 특히 정치인들이 걸리는 문제가 청렴하지 못하고 거룩하지 못한 삶이라고 할 수 있습니다. 그러나 그리스도인은 세상 속에서 거룩하고 청렴하게 살아갑니다. 이를 통해 우리의 착한 행실을 통해 영광을 돌리는 삶을 살아가게 됩니다.

　우리나라는 지금 민주화되어 있어서 사실 인권을 침해하는 큰 문제가 잘 생기지 않습니다. 예전에 군사 정부 시절에는 민주화를 위해 헌신한 사람들이 국가의 폭력에 의해 희생이 되는 경우가 많았습니다. 이에 맞서 학생들은 데모했고 화염병을 던지며 군사 정부에 저항했습니다.

　당시의 그리스도인들은 '세상의 문제에는 관심을 가지지 말고 우리는 교회에 모여서 교회만의 일을 하자'라고 생각하고 세상과는 등지고 살았던 분들이 있습니다. 반면에 적극적으로 사회에 참여해 데모도 하고 심지어 국가보안법을 위반해 북한에 다녀오는 분들도 있었습니다.

　그러나 개혁주의자들은 하나님의 말씀을 통해 사회의 변혁을 추구했습니다. 이것은 좌파라고 볼 수 없습니다. 성경 선생이 되어서 사회를 사람의 근본적인 변화를 통해 개혁하고자 했습니다. 당시에는 개혁신앙을 소유한 사람들이 힘이 없고 무기력하게 보였습니다. 개혁신앙은 이원론적으로 세상에 담을 쌓고 살아간 것이 아닙니다. 사회 각자의 위치에서 주님의 복음을 전하기 위해 최선을 다해 노력했습니다.

　이것을 현대 사회에서 정치와 사회 그리고 경제에 적용해 보면 중도 개혁주의라고 할 수 있습니다. 최근에 우리는 극우와 극좌의 커다란 목소리 속에 파묻혀 이쪽저쪽 편들어 주는 것을 택해 살아가고 있습니다. 우리의 정치적인 입장은 다양합니다. 그렇지만 정치적인 회색분자가 아니라면 중도적인 개혁 사상을 가지고 사회를 변화시키고 빛과 소금의 역할을 감당해야 할 것입니다.

2. 대한민국 헌법과 중도주의 정치관

'어떻게 사회와 하나님의 나라인 교회 속에서 살아갈 것인가?'

이는 우리가 신앙생활을 하면서 마주치는 문제입니다. 우리는 먼저 그리스도인, 즉 예수 그리스도를 믿고 따르는 사람이라는 사실을 잊지 말아야 합니다.

이 세상에 속한 시민이지만 하나님 나라의 시민입니다. 따라서 우리는 이 세상에서 모든 것을 실현하기 위해 살아가지는 않습니다. 예를 들어, 탐욕적인 부를 획득하기 위해 노력한다거나 권력을 잡기 위해 사람을 죽인다든지 또는 사람들을 속이는 것을 하지 않습니다. 부자가 되지 않아도 감사하고 권력을 잡지 못해도 감사합니다. 그 나름대로 그리스도인의 삶이 멋이 있습니다.

그렇지만 우리가 무엇인가를 이루기 위해 노력하고 성실하게 살아가는 것도 하나님께서 신자에게 가지신 중요한 뜻일 수 있습니다. 그러므로 우리는 하나님께서 우리에게 주신 사명에 최선을 다하며 하나님을 바라보면서 살아야만 합니다.

대한민국에는 헌법이 있습니다. 대한예수교장로회의 경우는 개혁주의 신학인 보수주의를 따르고 있습니다. 이 개혁주의에 대해 여러 가지 견해가 있을 수 있지만, 복음주의는 단순한 근본주의와는 다르다고 봅니다. 근본주의의 입장에 서게 될 때는 극단적으로 성경의 자구적인 해석에 얽매여 복음의 본질이 오히려 퇴색되어 버립니다.

개혁주의는 보수주의면서도 단순히 극보수는 아니라고 봅니다. 그런데 현재 대한민국의 헌법은 자유주의입니다. 여기서 자유주의의 의미에 대해 두 가지 견해가 있을 수 있습니다.

첫째, 신학적 자유주의와 근대 국가의 자유주의가 동일하다.
둘째, 양자는 다르다.

어쨌든 자유주의는 극보수인 근본주의에 의해 공격을 많이 받습니다. 복음주의, 칼빈주의, 개혁주의는 자유주의와 근본주의의 중도 정도라고 보입니다. 저는 신학이나 정치학에서나 같다고 보고 있습니다. 사실 우리나라 헌법은 자유주의를 규정하고 있습니다. 그런 면에서 신학보다는 헌법이 조금 더 앞서 나가고 있다고 볼 수 있습니다.

그런데 한편으로 보면 루소와 달리 근대민주주의자였던 로크는 기독교인이었던 점에 비추어 볼 때 보수 신학에서는 자유주의에 대해 공격을 많이 하지만 기독교인 자유주의자도 있다는 면에서 볼 때 반드시 어느 한 가지가 옳다고 볼 수는 없는 것 같습니다.

어쨌든 좋은 의미의 자유주의는 우리 시대에 필요합니다. 그리고 사회적인 자유와 함께 이것은 중도 개혁주의를 이루고자 하는 데 매우 소중하다고 할 수 있습니다.

우리가 일반적으로 자유민주주의라고 알고 있는 그 자유민주주의가 가장 타당하면서도 오해가 많은 것 같습니다. 이승만 정권과 박정희 군사 정권을 거치면서 자유민주주의는 단순한 반공주의, 천민자본주의를 의미하는 것으로 변질이 되었습니다. 진정한 자유주의는 사실 정치학에서 분류에 따라 해석을 해 보면 중도 또는 중도 보수의 사상입니다.

우리나라 보수가 늘 강조하는 자유민주주의는 극보수에 가까운 대단히 위험한 사상이 돼버렸습니다. 자유주의라는 것은 기존의 국가권력이 국민의 자유와 권리를 침해했기 때문에 이것에 저항해 싸워왔던 근대 시민의 권리를 인정하는 것입니다. 절대 왕정을 무너뜨린 청교도 혁명, 프랑스 대혁명, 미국의 독립전쟁에 영향을 받아 국민의 기본권을 최대로 존중하는 것을 의미합니다.

그리고 과거에는 국민이 절대권력에 종속했는데 이제는 국가권력과 동등 내지는 심지어 국가권력이 국민에게 종속되는 것을 말합니다. 저는 이것이 매우 바람직하다고 생각합니다. 자유주의 국가의 삶이 국민에게 진정한 자유를 줄 수 있습니다.

물론, 참된 자유는 예수 그리스도께서 주신 자유입니다.

주님께서는 말씀하셨습니다.

"진리를 알지니 진리가 너희를 자유롭게 하리라"(요 8:32).

우리가 영적으로, 심리적으로, 육체적으로 자유로운 사회 속에 살아가는 것은 매우 좋은 일입니다. 자유주의 사회는 인간의 존엄성, 행복추구권, 적법절차, 표현의 자유와 거주 이전의 자유, 행동의 자유를 중요하게 여기기 때문입니다.

그리고 이러한 자유는 현대 사회에서는 사회적인 자유로 나타납니다. 많은 경우에 자유주의 사회는 자본주의 경제를 택해 살아갑니다. 자본주의 사회의 폐단에 대해 독자들께서 잘 아시리라 생각합니다. 이러한 자본주의의 폐해를 극복하기 위해 자유주의 사회에 평등의 요소를 가미했습니다. 이것을 사회자유주의(Social Liberalism)라고 합니다.

대한민국 헌법은 자유주의와 민주주의 사회를 전제로 규정하고 있습니다. 여기에 평등의 요소가 가미되어 있습니다. 경제 체제가 자유 시장 경제를 기본으로 하지만 독과점의 규제라든지 자본주의의 지나친 폐해를 막기 위해 국가의 개입을 허용하는 사회적 시장 경제 체제를 취하고 있습니다. 어떤 면에서 보면 평등 민주주의(Equality-Democracy)를 실현하고 있다고 볼 수 있습니다.

우리 모두에게 이러한 대한민국의 헌법이 매우 바람직하다고 생각합니다. 이러한 헌법의 규정은 우리 사회의 정치관이라고 할 수 있습니다.

그러면 우리나라 헌법의 정치적인 자리매김은 어디일까요?

저는 중도라고 생각합니다. 좌우에 치우치지 않고 앞에서 말씀드린 대로 자유주의, 민주주의, 사회적인 시장 경제를 실현해 나아가고 있기 때문입니다.

이렇게 헌법이 국가가 나아가야 할 바람직한 방향을 제시하고 있는 것은 즐겁고 유쾌한 일입니다. 어느 한쪽에 치우치지 않고 국가와 사회의 비전이 중도의 사상으로 연결이 되고 있습니다.

이제 우리나라 사회도 중도로 가고 있습니다. 서울 시민의 70퍼센트가 중도적인 사람들이라고 서울신문에 보도된 바가 있습니다. 그렇지만 중도주의 이론도 항상 옳은 것은 아니라고 봅니다. 특히, 주의해야 할 것이 시스템의 개방성이라고 생각합니다. 즉, 신자나 불신자나 함께 공동의 선을 이루기 위해 노력하는 것이 필요합니다. 불신자에게도 개방적인 시스템에 따라 사회의 공동선(common good)을 이루기 위해 노력하는 것이 중요하다고 볼 수 있습니다.

모든 이론은 역효과를 낼 가능성이 있습니다. 그러나 현시점에 있어서 중도는 우리에게 꼭 필요한 이론과 실천의 방향으로 다가옵니다.

그러면 우리가 왜 헌법을 중심으로 사고하고 행동해야 할까요?

신학에서 성령의 역사하심에 대해 살펴보면 성령님은 믿는 신자에게 은총을 주시는 데 일반은총과 특별은총을 주십니다.

특별은총은 믿는 신자에게만 주지만 일반은총은 누구에게나 주십니다. 일반은총은 햇빛과 공기와 같은 자연, 재능을 통해 직업을 얻는 것, 사회의 여론을 형성하는 것 그리고 시민적인 의를 이루어 가는 것을 말합니다.

일반은총에 의해 판단을 해 볼 때 헌법을 중심으로 그리고 중도주의로 여론을 형성해 살아가는 것이 필요하다고 볼 수 있습니다. 중도가 원래 불교의 용어인데 저는 이것에 관해 고민을 많이 했습니다. 그러나 여기의 중도는 정치학적인 용어라고 보시면 됩니다. 불교의 이 사상과 저 사상을 절충하는 것과는 다릅니다. 불교의 중도는 절충이라고 보이지만 제가 말하는 중도는 횡적으로, 정책적으로 균형을 실현하는 것을 말합니다.

제가 말하는 중도에 대해서는 앞으로 전개를 해 나가도록 하겠습니다. 어쨌든 대한민국 헌법은 중도 정치 사상을 규정하고 있다고 평가해 볼 수 있습니다. 헌법의 중도주의 정치관과 비전을 우리 모두 실천하는 사람이 되기를 바랍니다.

한가지 염려되는 점은 중도주의자에게 가해지는 비판입니다. 먼저, 앞에서 언급한 대로 불교의 사상입니다. 그러나 그렇지 않습니다. 불교의 중도와 헌법과 정치의 중도는 다릅니다. 불교의 중도는 이해하기 힘들지만 뭔가 양극단의 초월을 의미한다고 합니다. 즉, 제3의 길입니다.

그러나 정치의 영역에 있어서 중도주의(Centrism)는 사회민주주의 영역과 보수주의 영역에서 정치를 실현합니다. 사회민주주의라는 것은 정치사상으로서 노르웨이, 스웨덴, 핀란드처럼 세금을 거두어 복지 정책을 실시하자는 정치 철학을 말합니다. 그리고 보수주의는 경제적인 성장을 중시하고 기존의 제도나 질서를 잘 바꾸려고 하지 않는 견해를 말합니다. 그러므로 여기의 중도는 불교와는 다르다는 점을 밝혀 둡니다.

또한, 중도주의자 하면 사람들은 박쥐를 떠올립니다. 그러나 그렇지 않습니다. 중도주의자는 자기가 유리한 대로 좌우의 정치의 편에 서는 것을 말하는 것이 아닙니다. 중도에는 컨텐츠(Contents), 즉 내용이 있습니다. 그러므로 회색주의자라고 비판하는 것은 옳지 못합니다.

우리의 개혁주의 신앙은 매우 중요합니다. 중도 개혁주의를 통해 대한민국 사회를 바르게 변화시켜 가고 우리의 신앙을 힘차게 실천하며 살아가기를 바랍니다.

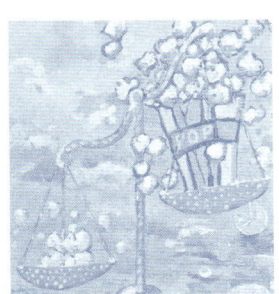

3. 진리 되신 예수 그리스도와 변함없는 하나님의 말씀

우리 사회에 많은 범죄가 발생하고 있습니다. 어느 사회든지 인간이 하나님께 지은 죄로 말미암아 죄성을 갖게 되었습니다.

사람을 속여서 재물을 편취(騙取) 하는 범죄는 거의 모든 국가에서 일어나고 있습니다. 살인이나 폭행보다는 형량이 적지만 사기죄도 동일하게 형법상 범죄로서 처벌합니다. 형법상 사기죄는 진실성과 관련되어 있습니다.

바리새인들은 예수님을 속이는 자라고 생각했고, 예수님에 대해 중상모략했습니다. 오늘날로 말하면 바리새인들은 명예훼손죄를 범한 것입니다. 중상모략으로 인해 사람이 당하는 고통은 참으로 큽니다. 차라리 한 대 맞은 것은 시간이 지나면 잊혀집니다. 그러나 말로 인해 받은 상처는 평생토록 잊히지 않을 수도 있습니다.

어떤 사람들은 진리를 인정하기 싫어서 고의로 그것을 받아들이지 않습니다. 예수 그리스도의 사역과 십자가의 죽음, 부활은 거짓이 아니고 진리이고 진실입니다.

성경은 일점일획도 틀림이 없는 사실이며 진리입니다. 예수 그리스도의 십자가의 죽음과 부활은 사기가 아닙니다. 속이는 것이 아니고 완전한 진리입니다.

우리는 주님의 복음을 전하기 위해 최선을 다하고 있습니다. 우리가 전하는 복음은 순수하고 고귀하고 진리라는 사실에 자부심을 느끼고 전해야 합니다.

사회에서 재판을 받는 경우 증인이 해야 하는 일은 진실을 말하는 것입니다. 위증죄는 자신의 기억에 반하는 진술을 말합니다. 성경의 저자들은 예수 그리스도의 증인으로서 자신의 기억에 반하는 내용을 기록한 것이 아닙니다.

구약성경에서는 위증하는 것을 금지하고 있습니다. 하나님의 말씀 레위기에는 위증의 경우에 20퍼센트를 덧붙여 배상하고 있습니다. 위증죄가 되지 않기 위해서는 있는 사실을 그대로 증언해야 합니다.

주님의 십자가의 죽음과 부활은 사기가 아닙니다. 주님의 복음을 전하는 우리는 진리의 말씀을 그대로 전하는 삶을 살아야 합니다. 사기가 아니고 위증이 아닙니다. 우리가 진리 되신 주님을 의지해 주님을 마음껏 전하는 삶을 살기를 원합니다.

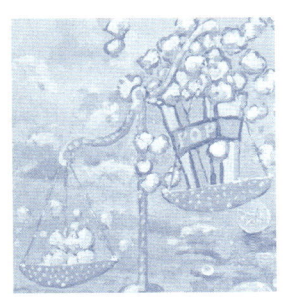

4. 하나님의 나라와 같은 사회

헌법이란 한 나라의 통치 구조와 기본권을 규정해 놓은 것을 말합니다. 대부분의 헌법은 통치 구조와 국민의 기본권에 관해 규정하고 있습니다. 기본권은 인권과 비슷한 개념인데 국민의 기본적인 권리입니다.

성경의 말씀에 의할 때 하나님께서는 인간에게 통치권을 주셨습니다. 리더의 권리를 주신 것입니다. 직업의 자유를 주셨고 생육하고 번성할 수 있는 권리를 주셨습니다. 생육하고 번성할 권리는 대한민국 헌법으로 살펴보면 인간의 존엄과 가치, 행복추구권이라고 볼 수 있습니다.

그렇습니다. 우리는 다툼과 전쟁이 없는 상황에서 그리고 사회질서가 잘 유지된 상태에서 행복하게 살 수 있는 권리가 있습니다. 현대 국가 사회에서 헌법을 보는 관점이 있습니다. 이것을 헌법관(憲法觀)이라고 합니다. 현대 사회의 헌법관에는 법실증주의 헌법관, 결단주의 헌법관, 통합주의 헌법관이 있습니다. 법실증주의 헌법관은 절대 왕정과 같은 시대에 필요한 헌법관입니다.

인간이 가지는 기본적인 인권을 인정하지 않고 왕이 누리지 않는 것으로 인해 반사적으로 누리는 이익이라고 보고 있습니다. 한마디로 말하면 제왕적 왕이 최고이고 인간은 그 밑에서 '부스러기'를 먹는 존재에 불과합니다. 결단주의 헌법관은 절대 왕정을 무너트린 청교도혁명, 프랑스 혁명, 미국의 독립전쟁을 반영한 헌법관으로 국민의 기본권을 중시하고 있습니다.

헌법의 기본 구성요소는 기본권과 통치 구조입니다. 통치 구조, 즉 대통령이 국민의 기본권을 제한할 때는 반드시 국회가 제정한 법률로 제한할 수 있습니다. 국민의 국가에 대한 권리를 대 국가적 방어권(防禦權)으로 인정하고 있습니다.

마지막으로 통합주의 헌법관이 있습니다. 이 헌법관은 국민의 기본권을 국가와 국민의 비전으로 보고 있습니다. 국가나 국민이나 국민의 기본권을 실현해야 합니다. 특히, 국가는 국민의 기본권을 실현하기 위한 봉사자로 봅니다.

현대 사회에서는 결단주의나 통합주의가 타당한 헌법관입니다. 대한민국 헌법도 두 가지의 헌법관에 의해 해석이 될 수 있습니다. 특히, 국민의 기본권을 실현하기 위해 국가가 봉사자가 되어야 하는 것은 매우 매력적인 발상이라고 하지 않을 수 없습니다.

출애굽기에 보면 하나님께서는 노예 생활을 하고 있는 이스라엘 백성을 구원해 내셨습니다. 하나님께서 바로의 학정과 압제에서 구원하신 방법은 매우 기이했습니다. 이집트에 열 가지 재앙을 내리고 홍해를 가르셔서 마른 땅과 같이 이스라엘 백성을 건너게 하셨습니다. 이스라엘 백성은 아라비아 광야로 들어갔고 시내산이라는 곳에 도착하게 되었습니다.

하나님께서 시나이반도의 시내산에서 이스라엘 백성과 언약을 체결하십니다. 그 언약은 시내산 언약, 모세 언약이라고 합니다. 언약의 의미는 양자(兩者) 간에 굳게 지켜야 할 약속 또는 계약을 의미합니다.

오늘날에도 우리는 많은 계약 체결을 하고 살아갑니다. 건물을 구매할 때도 계약을 체결하고, 사랑하는 남녀가 결혼하는 것도 엄밀하게 보면 혼인 계약입니다. 이것을 현대 민법에서는 법률 행위라고 부릅니다.

구약 시대에 이스라엘의 왕은 하나님이셨습니다. 시내산 언약은 하나님께서 이스라엘 백성과 계약을 맺어 이스라엘 백성을 보호하시며 필요한 것을 공급해 주시고 이스라엘 백성은 하나님의 말씀에 순종하는 것입니다.

오늘날 근대 국가에서는 일반적으로 사회계약의 이론에 따라 국가와 국민이 계약을 맺었다고 보고 있습니다. 국가는 국민의 기본적인 인권을 보호하고 국민을 보호하는 역할을 하는 것을 내용으로 합니다. 국민의 기본적인 인권이 매우 중요하고 보호를 받는 것이 근대 자유주의 국가의 헌법이고, 현대 사회의 헌법들에서는 이것을 매우 타당한 것으로 받아들여 대부분의 입헌 국가의 헌법에 규정하고 있습니다.

이스라엘 백성은 시내산에서 하나님과 소의 피를 잡아 언약을 체결한 후에 모세와 이스라엘 장로들이 하나님과 함께 먹고 마셨습니다.

> 이스라엘의 하나님을 보니 그의 발 아래에는 청옥을 편듯하고 하늘같이 청명하더라 하나님이 이스라엘 자손들의 존귀한 자들에게 손을 대지 아니하셨고 그들은 하나님을 뵙고 먹고 마셨더라(출 24:10-11).

하나님과 이스라엘 백성의 언약식에는 하나님의 나라, 즉 천국이 있었습니다. 오늘날 우리는 신앙생활, 사회생활을 하면서 이 땅에 하나님의 나라를 경험하면서 살아갑니다. 영적인 삶을 추구하면서 하나님과 교제하면서 살아갑니다. 하나님을 사랑하고 하나님의 도우심을 받으면서 살아갑니다. 그리고 교회 생활에서 우리는 하나님의 나라를 맛보면서 살아갑니다.

그러면 사회 속에서 어떻게 하나님의 나라를 이룰 것인가?

이것에 대해 사회주의 유토피아, 마르크스의 사상 등 여러 가지 이론이 있습니다. 모두 성경에서 나온 이론입니다. 성경에서 따온 후에 실천 방법론에서 진화론을 가미시켰습니다. 마르크스가 주장한 원시공산제 사회는 아담과 하와의 에덴동산의 모델에서 가져온 것으로 보입니다. 그것은 모든 조건이 완전하게 구비된 상황이기 때문입니다.

현대를 살아가는 우리에게 필요한 것은 하나님의 나라를 어떻게 해서든지 경험하면서 살아가야 합니다. 그것은 출애굽기 말씀처럼 청옥을 편듯하고 하나님을 직접 뵙는 종교와 사회입니다. 그것이 어떤 모델인지 알 수 없습니다. 다만, 오늘날 우리 사회는 헌법이 기본적으로 규정한 대로 자본주의 경제를 추구한다고 볼 수 있습니다. 하나님 나라의 모델에 가장 가까운 것은 성장과 분배를 적절하게 해 조화를 이루면서 살아가는 것으로 보입니다. 그래야 어느 한쪽으로 치우지지 않고 하나님께서 이스라엘 백성에게 광야에서 매일 만나를 내려 주신 것을 경험하면서 살아가는 삶이라고 할 것입니다.

5. 파수꾼의 사명 (복음의 증거와 사회 참여의 나팔을 불어라)

우리는 사회 속에서 생활할 때 하나님의 말씀과 교회 법규 그리고 사회의 헌법을 통해 삶의 바른 방향성을 잡아갈 필요가 있습니다. 에스겔 33장 말씀에서 하나님께서는 의인이 해야 할 사명에 대해 말씀하고 계십니다. 에스겔은 바벨론에 포로로 잡혀가서 하나님의 말씀을 받게 되었습니다. 하나님께서 그를 통해서 말씀하셨습니다.

하나님께서는 사람을 통해 일하십니다. 하나님께서는 이집트의 바로의 학정에 시달려 신음하는 이스라엘 백성의 울부짖음을 들으셨습니다. 그리고 그들을 노예 생활에서 해방하기 위해 모세를 택해 부르셨습니다. 구약 시대의 가장 위대한 지도자 중 한 사람인 모세는 하나님께 부름을 받아 이스라엘의 구원과 해방하기 위해 쓰임을 받게 되었습니다.

하나님은 죽은 신이 아니라 살아 계신 분입니다. 우리의 삶과 우리 기도를 모두 보고 듣고 계십니다. 그리고 사람을 택하시고 그들을 통해 일하시는 분이십니다.

하나님께서는 우상을 숭배하고 가난한 백성을 압제하는 이스라엘 백성을 돌이키기 위해 이사야, 예레미야, 에스겔과 같은 선지자를 세우셨습니다. 그리고 그들을 통해 이스라엘 죄악의 실상을 깨닫게 하시고 하나님께 돌아오게 하는 일을 했습니다.

우리는 파수꾼 에스겔에 관한 말씀을 통해 우리 그리스도인이 받은 사명에 대해 알 수 있습니다. 하나님께서는 에스겔에게 파수꾼의 사명을 맡겨주셨습니다. 파수꾼은 적군의 침입으로부터 자신의 나라와 국민을 보호하기 위해 활동하는 사람입니다. 파수꾼은 적이 침입해 오는 경우 성루에 서서 가장 먼저 적이 침입함을 파악하고 백성들에게 그 사실을 알리는 일을 하는 사람입니다. 만일 적이 자신의 나라를 치러 오는데도 파수꾼이 알리는 일을 하지 않는다면 그 성안에 있는 백성은 적에 의해 모두 죽임을 당하고 말 것입니다.

따라서 파수꾼의 임무는 막중하다고 할 수 있습니다. 흔히 작전에 실패한 병사는 용서받을 수 있겠지만 경계에 실패한 병사는 용서받을 수 없다는 말이 있습니다. 이처럼 파수꾼은 그 나라의 흥망성쇠를 좌우하고 생명을 살리느냐 죽게 하느냐를 결정하는 중요한 역할을 합니다.

현대 시대를 살아가는 우리는 파수꾼의 사명을 감당해야 합니다. 하나님께서는 구약 시대를 살아가는 에스겔 선지자에게나 신약 시대를 살아가는 우리에게 파수꾼의 사명을 주셨음을 믿습니다.

신자는 구원받은 사람입니다. 우리는 예수 그리스도의 거룩하신 보혈로 모든 죄를 사함을 받고 주님을 믿음으로 말미암아 구원받았습니다. 이것이 가장 큰 전제입니다.

파수꾼은 이스라엘 백성 중에서 선택되었습니다. 이방인을 택해 나라의 존망을 알리는 일을 하지 않기 때문입니다.

우리는 하나님 나라의 백성입니다. 따라서 하나님 나라를 위해 행동해야 합니다. 하나님 나라의 이익과 세상 나라의 이익이 조화되는 때도 있고, 상충(相衝)하는 때도 있습니다. 만일 하나님의 나라와 이익이 상충한다면 우리는 하나님 나라의 이익을 선택해야 합니다.

하나님의 나라는 하나님께서 다스리는 나라로 신자들의 심령을 영토로 삼아 이루어지는 곳입니다. 우리의 심령은 사탄이 쫓겨가고 예수 그리스도가 주인이 되셔서 다스리시는 하나님의 나라입니다.

우리는 세상의 나라에 살고 있지만, 하나님의 나라를 최우선적 가치로 여기고 살아가는 하나님 나라의 시민입니다. 세상의 나라가 하나님의 나라와 일치하는 경우가 많이 있습니다. 예를 들어, 신앙의 자유를 가지게 하는 것입니다. 우리나라 헌법에는 종교의 자유가 있습니다. 이것은 참으로 중요하고 좋은 일입니다. 하나님의 나라 활동을 할 수 있도록 종교의 자유를 허락하고 있습니다.

세상의 나라가 하나님의 나라 활동을 허용하는 경우는 세상의 나라가 그리스도 나라의 일면이 있습니다. 그러나 공산주의, 이슬람과 같은 사회에서는 세상의 나라가 하나님의 나라를 허용하지 않는 곳입니다. 그곳에는 종교의 자유가 없습니다. 시민의 자유가 없습니다. 사회의 평등도 있는 것 같으나 사실은 없습니다. 우리가 시민 사회 그리고 자율성 및 평등의 세상에 사는 것은 행복하고 유쾌한 일입니다.

어쨌든 우리나라는 자유국가 민주국가입니다. 우리나라는 과거의 암울했던 역사를 소유하고 있습니다. 우리 그리스도인이 세상의 정치에 어떤 견해를 취해야 할지 개인의 문제이겠지만, 우리는 하나님의 나라를 인정하는 편에 우리가 서야 합니다. 물론, 그것이 반드시 보수라고 할 수는 없지만, 먼저 우리는 대한민국이 종교의 자유를 허용하는 국가라는 사실을 인정해야 합니다.

이 시대에 하나님의 나라를 살아가는 우리가 해야 할 일은 무엇일까요?

하나님께서 에스겔 선지자를 통해 말씀하신 것과 같은 파수꾼의 사명은 무엇일까요?

저는 먼저 우리가 구원을 확신하고 복음을 전하는 삶이라고 생각합니다.

현대 우리나라 사회는 양극단의 측면이 많은 사회입니다. 자본주의가 천민자본주의화 되어 세상에는 많은 환락의 요소가 많습니다. 많은 경우 대기업이 국민을 위하지 않고 자기의 이익만을 추구하고 있는 경우가 많습니다.

그뿐만 아니라 대기업은 많은 땅을 소유하고 있습니다. 한계레 신문에 의하면 대기업이 1995년 실명제 뒤 1996년 조사에 보면 상위 10대 기업이 보유한 토지 1억 3천만 평방미터를 소유하고 있고, 2014년 조사 때는 19억 평방미터 여의도 660배에 달하는 땅을 소유하고 있다고 합니다. '맘몬이즘'이 신격화되어 있습니다. 이것은 진정한 자본주의가 아닙니다.

독일의 정치종교사회학자 막스 베버(Max Weber)는 프로테스탄티즘과 자본주의 정신에서 자본주의 근원이 기독교에 있다고 보았습니다. 기독교인의 근면, 성실하게 일하는 것 그리고 칼빈의 직업 소명설에 따라 각자의 직업 속에서 최선을 다해 노력하는 것 등이 자본주의의 근거가 됩니다.

특히, 중세 시대에 금지했던 이자를 허용해 자본의 확대재생산을 하게 된 것이 자본주의 확산을 가져왔다고 말합니다. 동시에 막스베버는 자본주의 사회는 끝없는 욕망의 추구가 아니라 절제가 있어야 한다고 보았습니다. 그래야 자본주의의 무절제함에 제동이 걸리고 천민자본주의로 전락하지 않습니다.

자본주의 사회의 절제에 관한 내용으로 헌법은 다음과 같이 규정하고 있습니다.

> 헌법 제119조 ① **대한민국의 경제 질서는 개인과 기업의 경제상의 자유와 창의를 존중함을 기본으로 한다.**

② 국가는 **균형 있는 국민경제의 성장 및 안정과 적정한 소득의 분배를 유지하고, 시장의 지배와 경제력의 남용을 방지**하며, **경제주체간의 조화를 통한 경제의 민주화를 위하여 경제에 관한 규제와 조정**을 할 수 있다.

헌법 제120조 ② 국토와 자원은 국가의 보호를 받으며, 국가는 그 **균형 있는 개발과 이용을 위하여 필요한 계획을 수립**한다.

대한민국의 헌법은 자본주의 체제를 기본으로 하면서 경제에 대해 적절하게 조정하고 규제하는 수정자본주의 경제 내지는 사회적 시장경제를 취하고 있습니다.

과거에 우리나라는 군부독재에 대항해 민주주의 부르짖었던 많은 사람을 짐승처럼 여겨 죽이는 만행을 저지른 사람들이 지도자였던 시절이 있었습니다. 1980년 5월의 광주광역시는 그 희생의 한복판에 있었습니다. 군사독재자들은 광주에 원죄를 짓고 있습니다.

반면에 사회주의, 공산주의 사상을 가졌다는 사람들의 행동을 보면 최근 몇 년 전에는 대한민국 사회를 전복(顚覆)시키려고 하는 세력까지 나타났습니다.

이러한 시대를 살아가는 우리에게 가장 필요한 것은 복음과 구원과 거룩이라고 생각합니다. 너무나도 올드하고 나이브(naive)한 생각이지만 그것이 시대에 가장 필요합니다.

베트남 사람들은 호치민(Hồ Chí Minh)을 최고의 지도자로 알고 살아갑니다. 그는 절대로 부정부패 하지 않았으며 결혼도 하지 않고 오직 베트남 국민을 위해 헌신했기 때문입니다. 자식을 낳으면 부정부패와 연루될 수도 있다는 생각 때문에 결혼도 하지 않은 것을 볼 때 참으로 대단한 애국심을 가진 사람이라는 것을 알 수 있습니다.

그가 머리맡에 두고 항상 읽었던 책은 다름 아닌 조선 시대 말기에 정약용 선생이 쓴 『목민심서』였다는 것은 잘 알려져 있습니다. 사회주의 사회에도 훌륭한 사람이 있습니다.

이렇게 선한 영향력을 끼치는 사람도 중요하지만, 우리 개신교 신자의 입장에서 하나님의 말씀에 바로 선 한 사람이 필요합니다. 하나님께서 우리를 부르신 것은 세상과 구별된 삶을 살게 하시기 위함입니다. 거룩함을 추구하되 인본주의적으로 추구하는 것이 아닙니다. 성령의 역사를 통해 점진적으로 성화를 이루어 가는 것입니다.

혼탁하고 타락하고 가치가 혼돈된 것과 같은 시대에 우리는 복음을 외쳐야 할 것입니다. 예수 그리스도만이 이 시대의 진정한 소망이고 문제의 해결책이 됨을 외쳐야 합니다. 파수꾼의 사명 그것은 예수 그리스도를 전하는 것입니다. 복음을 전하는 것입니다. 복음만이 이 시대에 대안을 줄 수 있습니다. 인본주의 사고를 통해 세상의 변화를 이끌 수 없습니다.

저 자신도 성령의 복음을 통해 항상 거룩한 삶을 산다고 말할 수 없습니다. 그리고 복음의 거룩한 삶도 사회주의자들처럼 실패할 수도 있습니다. 그러나 우리는 근본적으로 하나님의 부르심을 따라 거룩의 삶을 살아야 합니다. 거룩이 능력입니다.

또한, 우리는 사랑을 바탕으로 사회와 국가를 향해 정의와 공의를 실현해야 합니다. 사랑이 없는 정의는 공허합니다. 우리는 많은 경우에 운동권의 학생들 그리고 지금은 기득권자들이 되어 버린 사람들의 행동을 보게 됩니다.

그들이 사회를 정말로 변화시켰습니까?

그 시대에는 그들이 필요했겠지만, 그들이 반드시 한국 사회를 변화시켰다고 볼 수는 없습니다.

왜 그들은 그렇게 하지 못했습니까?

그것은 정의는 있으나 사랑이 없고 복음이 없고 변화가 없었기 때문입니다. 주님의 사랑 그리고 복음의 변화를 통해 하나님의 나라를 이루고 이 사회에 진정한 하나님의 정의와 공의를 외칠 수 있는 사람들이 되었으면 좋겠습니다.

우리는 하나님께서 창조하신 질서를 보존하는 방향으로 우리의 삶과 정책을 실시할 수 있도록 만들어 가야 합니다. 국가가 하나님의 축복 속에 성장할 수 있도록 노력하고 또한 가난한 사람들을 돌보는 일을 하면 좋겠습니다. 사회가 지나치게 치우치지 않았으면 좋겠습니다. 최근에 일어난 전세 사기와 같은 일들이 일어나는 사회가 되어서는 안 됩니다.

부를 왜곡된 방향으로 축적한 사람들의 부동산 투기로 신혼부부가 평생을 벌어도 내 집을 마련할 수 없는 사회를 만들어서도 안 될 것입니다. 가난한 사람들을 향한 돌봄이 더욱 착실하게 이루어지는 일이 있어야겠습니다. 물론, 우리나라가 그만큼 많은 자본과 돈이 있어야 합니다.

하나님께서 성도님들의 삶을 축복해 주시도록 기도합시다. 우리나라는 하나님의 축복 속에 경제가 성장하고 부흥을 했습니다. 그리스도인으로서 열심히 일하고 실력을 쌓읍시다. 한 손에는 성경을 들고 한 손에는 책을 들고 열심히 공부합시다. 이것이 두 날개로 날아오르는 성도의 삶이라고 생각합니다.

우리 그리스도인이 시대와 사회를 향해 에스겔과 같은 파수꾼의 사명을 잘 감당해야 합니다. 그것을 저는 복음의 증거와 사회 참여라고 생각합니다. 개혁주의 마인드를 가지고 이 땅에 하나님의 나라를 이루어 가기 위해 그리스도인으로서 최선을 다해 노력하는 삶을 살기 바랍니다.

그리고 성령님께서 역사해 주셔서 우리의 특별한 은혜의 삶, 구원의 삶에 함께해 주시고 사회 속에서 살아가는 그리스도인으로서 거룩하고 능력이 있는 삶을 살았으면 하는 바람입니다.

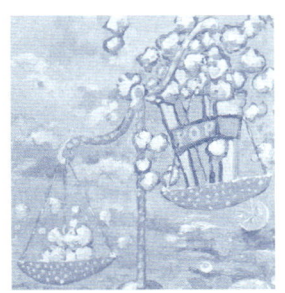

6. 진정한 왕, 나의 하나님

대통령과 국가권력의 통치권 행사에 있어서 민주적 정당성이 있어야 합니다. 민주적 정당성은 국가권력 행사의 기반이 국민에 기초합니다. 민주주의 꽃인 국민의 직접선거를 통해 국가권력이 선출되어야 합니다.

또한, 절차적 정당성이 있어야 합니다. 국가 기관은 국민의 기본적인 권리를 침해하는 경우 반드시 법률로 또한 필요 최소한도의 제한해야 합니다. 국가권력 기관은 국민이 권한을 부여한 한도 내에서만 통치자는 국민을 위해 권력을 행사할 수 있습니다.

그리고 최고 통치권자인 대통령이 행사하는 권력이 법적인 절차에 합당해야 합니다. 민주적 정당성이 있다고 하더라도 절차에 부합하지 않으면 불법행위가 되는 것입니다.

헌법상 통치권의 행사에 대해 다음과 같이 규정하고 있습니다.

헌법 제1조 ① 대한민국은 **민주공화국**이다.
② 대한민국의 **주권은 국민에게 있고**, 모든 **권력은 국민으로부터 나온다**.

세상에서의 통치와는 달리 하나님은 완전한 통치를 하십니다. 믿지 않는 분들은 하나님이 계시다는 것 자체를 동의하지 않아서 하나님이 다스리신다는 말은 더더욱 동의할 수 없을 것입니다. 그러나 우리 신자는 하나님의 다스리심을 믿습니다. 하나님은 살아 계십니다. 지금도 우리의 삶과 역사에 개입하시고 함께하십니다. 불의가 판을 치는 세상 속에서 하나님 심판의 칼날은 매섭게 겨누어져 있습니다. 하나님은 사랑이 많으시면서 동시에 공의로우십니다. 인간의 교만에 대해 진노하시는 하나님이십니다.

하나님의 통치와 인간의 통치가 있습니다. 인간이 주체가 되어 자신을 따르라 하며 자신이 마치 절대자인 것처럼 그 위에 자신을 가져다 놓는 경우가 있습니다. 그러나 그 누구도 불완전한 인간일 뿐이며 절대정신이 될 수는 더더욱 없는 것입니다.

사람은 하나님의 형상대로 창조되었고 하나님께서는 인간에게 세상을 다스릴 수 있는 권리를 주셨습니다. 너희는 생육하고 번성하여 땅에 충만하라 땅을 정복하고 다스리라고 말씀하셨습니다. 이 말씀은 땅을 정복하고 다스리라는 것인데 이것은 인간을 정복하고 다스리라는 말이 아닙니다. 인간은 다른 인간을 다스리고 정복하고 그렇게 살아가는 존재가 아닙니다. 인간은 사랑하는 존재이고 인간에게 리더가 있을 수는 있겠지만, 인간을 종속시키는 그런 일은 있을 수가 없는 것입니다.

따라서 인간이 왕이 되는 것 그리고 다른 사람을 그 위에 종속시키는 일은 있을 수 없다는 것입니다. 그러나 태초에 하나님에 의해 창조된 인간이 죄를 지음으로 말미암아 인간 사이에 갈등이 생기고 분열이 생기게 되었습니다.

인간이 왕이 되는 일이 인간이 하나님께 죄를 범하고 에덴동산에서 쫓겨나자마자 생기게 되었습니다. 특히, 아담과 하와가 죄를 범함으로 말미암아 아담이 에덴동산에서 쫓겨나게 되었습니다. 그리고 가인과 아벨을 낳게 되었습니다. 그러나 가인이 아벨을 죽이게 되었습니다. 그리고 가인은 동방으로 도망가서 거기서 자신의 문화를 만들었습니다. 여기서부터 벌써 왕이 되는 것입니다.

성경에 기록된 역사 이외에 일반 역사를 살펴보면 고대 시대에는 인간이 인간을 정복하고 다스리는 일이 많이 일어났습니다. 그래서 인간 자신이 스스로 왕이 되어 국가를 만들었습니다. 근대 사회처럼 사회계약에 따라 국가가 만들어진 것이 아닙니다. 인간 중에 힘이 세고 무기를 가지고 있는 사람이 왕이 되는 일들이 생기게 되었습니다.

이것은 고대에 공통으로 있는 일이었습니다. 그리고 지식이 있는 사람들을 기용해 나라를 이끌어가는 형태였습니다. 이런 형태는 고대 사회의 거의 모든 정치제도에 통용되었습니다. 왕정에서는 왕정 아래에 있는 신하들이나 관료들은 모두 다 종이나 노예입니다.

이것은 로마 시대에도 그러했습니다. 수없이 많은 기독교인이 순교를 당했습니다. 중세 봉건제 시대에도 왕이 있었습니다. 그리고 근대로 넘어와서 절대 왕정 시대에도 왕이 있었습니다.

그 왕들은 인간에게 도움을 주는 것이 아니라 인간들을 지배하고 해를 주는 악한 사람들이었습니다. 그래서 인간은 그 군주제도를 무너뜨리려고 노력했습니다. 건전하게는 영국의 청교도혁명, 명예혁명 그리고 미국의 시민혁명이라고 할 수 있는 독립전쟁이 있었습니다.

이러한 혁명들은 특히 독립전쟁은 지금 우리가 믿고 있는 칼빈주의를 기반으로 한 시민혁명입니다. 매우 건전하고 하나님 중심의 역사입니다.

미국의 대통령제는 칼빈주의 장로회 정치에서 따온 것입니다. 우리나라도 미국의 헌법의 일부 그리고 독일 헌법을 기반으로 하고 있습니다. 그러므로 우리나라의 헌법도 칼빈주의 정치형태입니다.

헌법상 자유주의와 민주주의 이 모든 것이 사실 칼빈주의로부터 온 것입니다. 그 사상적 근원을 우리가 분명히 알아야 합니다. 우리 조상의 뿌리가 어디에 있는지가 매우 중요하듯이 우리의 사상의 근원이 어디에 있는지 아는 것이 정말로 중요합니다.

우리의 대한민국 헌법상 자유주의와 민주주의는 1848년 마르크스 레닌주의의 공산당 선언에서 온 것이 아닙니다. 군사독재 시절에 많은 사람이 민주화 운동을 했습니다. 이것은 올바른 일입니다. 그러나 대한민국의 사상적 뿌리 자체를 부정해 버리는 일을 해서는 안 됩니다.

칼빈주의, 개혁주의는 점진적인 개혁을 추구합니다.

사실 오늘날의 정치형태가 개혁주의가 아니겠습니까?

누가 급진적인 공산혁명을 주장합니까?

우리나라와 같이 자본주의와 민주주의가 공고화된 나라에서는 그러한 주장을 하지 않을 것입니다. 우리는 하나님 앞에서 우리가 나아가야 할 방향을 잘 알고 나아가야 합니다. 어느 것이 우리가 하나님 앞에 올바른 것인지 생각하면서 살아가야 합니다. 우리는 천국을 향해 가는 순례자입니다. 천국을 바라보면서 이 세상에서 하나님의 뜻을 실현하면서 살아가야 합니다.

헌법에 일반적으로 모든 나라의 헌법에 주권이 누구에게 있다고 규정하고 있습니까?

주권이 국민에게 있다고 말하고 있습니다.

민주주의를 추구하는 국가에 있어서 대통령의 권한 행사의 정당성이 어디에 있습니까?

국민에게 있습니다. 그러니까 나라의 주인은 국민입니다. 대통령이 아닙니다.

오늘날 누군가가 우리가 실수하지 않았는데 법적으로 규제를 하거나 우리를 법적인 근거 없이 함부로 데려다 강제노역을 시킨다면 우리는 심히 불쾌감과 함께 모멸감 등 고통으로 인해 독재와 대항해 싸우게 될 것입니다.

우리나라는 민주주의 사회이기 때문에 이러한 상황이 있어서는 절대로 안 됩니다. 그래서 우리는 인간이 인간을 지배하는 것이 아니라 인간은 섬기고 배려하는 섬김의 리더십이 필요합니다. 예수님은 리더십에 대해서 말씀하실 때 "섬기는 사람이 리더"라고 말씀하신 것입니다. 이 말씀은 섬김의 리더십이라고 할 수 있습니다. 그 섬김의 리더십은 "너희 중에 누구든지 으뜸이 되고자 하는 자는 너희의 종이 되어야 하리라"(마 20:27)라고 주님께서 말씀하신 것을 의미합니다.

서구 시민 사회는 이렇게 예수 그리스도의 가르침을 따르고 있습니다. 그래서 예수 그리스도의 가르침을 따라서 섬기는 그러한 리더십으로 나아가야지 위에서 군림하려고 하고 다스리려고 통제하려고 해서는 안 되는 것입니다. 민주주의 국가로서 국민의 주권이 국민에게 있는 그것이 참으로 좋은 것입니다.

그러나 여기서 우리가 한 가지 더 생각해 볼 필요가 있습니다. 국민도 올바르게 판단하지 못할 때가 있습니다. 다수결이 항상 옳은 것은 아닙니다. 소크라테스도 군중 선동가(데마고그, Demagogue)들에 의해 희생을 당하게 된 것을 볼 때 우리는 직접 민주주의 사회도 불완전하다는 것을 알게 됩니다.

국민은 때로는 정치가들의 선동으로 잘못된 판단을 하고 군중심리로 인해 판단이 경도되는 경향이 있습니다. 군중심리에 의해 따라 가게 될 때 우리는 때로는 잘못된 판단을 할 수도 있습니다. 사실 정치의 영역에 있어서 우리는 대부분 다른 사람이 하는 대로 따라가는 경우가 많습니다.

우리의 진정한 왕이 되시는 분은 하나님이시라는 것을 기억해야 할 것입니다. 그래서 우리는 하나님을 왕으로 모시고 그렇게 살아야 우리는 실패하지 않습니다. 우리는 이스라엘의 역사에서 백성들이 사무엘의 시대에 왕을 요구했던 것과 같은 어리석음을 범해서는 안 됩니다. 우리 자신이 왕이 되려고 하지 말고 하나님의 통치 함선에 우리의 몸과 마음을 맡깁시다. 하나님을 나의 진정한 왕으로 모시고 살아서 성공을 누리면서 살아가시기를 바랍니다.

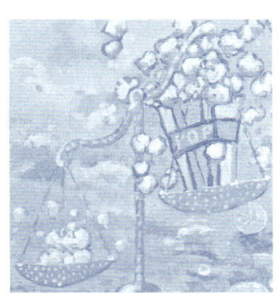

7. 생명이 살아 숨쉬는 법

하나님께서 우리에게 주신 매우 소중하고 중요한 책이 성경입니다. 성경은 구약과 신약으로 구성되어 있습니다. 그 중요한 내용은 언약이라는 특별한 형태로 되어있습니다. 우리가 일반적으로 사회생활을 할 때 계약을 체결하고 살아갑니다.

예를 들어, 우리가 집을 사고파는 경우 이것을 민법상 부동산의 매매라고 하는데 이것은 계약입니다. 여기에는 집을 파는 사람, 즉 매도인이 있고 집을 사는 사람, 즉 매수인이 있습니다. 매도인과 매수인이 매매계약을 맺고 토지와 건물에 대해 매매하게 됩니다. 매도인은 토지와 건물의 등기를 매도인에게 이전해 주고 매수인은 매매대금을 지급해야 합니다. 이것을 민법상 법률 행위라고 하고 특히 계약이라고 합니다.

하나님의 말씀에도 계약이 있습니다. 하나님과 우리는 어떻게 보면 언약의 관계에 있습니다. 하나님은 우리의 구원자가 되시고 우리는 그의 백성입니다. 주님과의 관계에 있어서도 보이지 않는 계약이 맺어져 있습니다. 우리는 그 계약 관계를 파기하면 안 됩니다.

하나님의 말씀을 듣고 믿고 지키면 우리는 구원받습니다. 구약 시대는 율법이 생명을 주는 역할을 했습니다. 하나님께서는 구약 시대의 성도들에게 율법을 주셔서 구원받고 생명을 얻게 하셨습니다. 원래 율법 그 자체는 선한 것입니다. 그런데 예수 그리스도께서 이 땅에 오시기 전에 바리새인들이 선한 율법을 이용해 독단적인 구원의 조건으로 삼은 것이 큰 문제였습니다.

원래 율법은 예수 그리스도를 예표한다고 할 수 있습니다. 율법에는 예수 그리스도께서 희생제물이 되셔서 인간의 모든 죄를 사해 주실 것이 예언되어 있습니다. 그러므로 구약의 율법과 신약의 복음은 동떨어진 것이 아니라 유기적인 관계 속에 있습니다.

오늘날 예수 그리스도의 십자가의 피 묻은 복음을 영접해 구원받은 우리는 하나님께서 주신 십계명을 비롯한 율법을 잘 지키면서 살아가고 있습니다. 주님께서 우리에게 주신 복음과 율법은 우리에게 생명을 줍니다. 그것은 살아 숨쉬고 있는 법입니다. 그 어떠한 법도 우리에게 영적인 생명을 줄 수 없습니다.

우리가 복음을 통해 구원을 얻지만, 세상에는 모든 법 위에 최상위 법인 헌법이 있습니다. 대다수의 사람이 한 번쯤 헌법을 보셨으리라 생각합니다. 그중에서 가장 많이 들어보신 조문이 "헌법 제1조 대한민국은 민주공화국이다"라고 생각합니다.

하나님의 율법은 하나님께서 주신 것이고, 세상의 법은 국민의 대표자들이 만든 것입니다. 그러나 세상의 법도 일반은총의 영역에서 보면 하나님의 간접적인 통치가 이루어지고 있습니다. 원래 민법의 원형은 로마법과 게르만법입니다. 그리고 로마법과 게르만법은 성경의 율법을 가져와서 만들어진 부분이 많이 있습니다.

예를 들어, 레위기의 말씀에서 다른 사람에게 피해를 주게 되면 20퍼센트를 가산해 배상하라고 하고 있습니다. 이것은 불법행위를 할 때 손해를 배상하는 방법에 관해 규정하고 있는 것이라고 볼 수 있습니다.

고대 사회에서 일반적으로 살인, 절도 등과 같은 형법을 규정했습니다. 구바빌로니아의 함무라비 법전에서 보면 형법적인 규정들이 있습니다. 그리고 이 법은 이스라엘의 율법과 매우 비슷합니다. 함무라비법이나 이스라엘의 법이 로마법과 게르만법에 흡수가 되었고 그것이 독일법으로 발전하게 되었다고 볼 수 있습니다.

　우리나라는 대부분 경우에 일본 제국주의를 거쳐 독일 제국법을 받아들이게 되었습니다. 왜냐하면, 일본 제국주의 법의 모태가 독일법이기 때문입니다. 이러한 것은 대부분 민법의 경우를 말합니다. 그리고 대한민국 헌법의 경우도 독일법과 미국법에 그 근원을 두고 있습니다.

　어쨌든 성경의 율법은 생명이 살아 숨쉬는 법입니다. 그러나 우리나라 대한민국의 헌법은 살아 숨쉬고 있는가 살펴보면 생명을 살리고 있다고는 볼 수 없다고 봅니다. 주로 인간의 삶에 관해 규정하고 있기 때문입니다.

　그러나 매우 소중한 규정이 많이 있습니다. 특히, 헌법 제10조, 11조 종교의 자유 언론출판의 자유 거주이전의 자유 사회적인 기본권 참정권 등은 사람을 살아 숨쉬게 하는 매우 중요한 규정입니다.

　대표적인 헌법 제10조는 다음과 같습니다.

> 모든 국민은 인간으로서의 존엄과 가치를 가지며, 행복을 추구할 권리를 가진다. 국가는 개인이 가지는 불가침의 기본적 인권을 확인하고 이를 보장할 의무를 진다.

　우리는 인간의 존엄과 가치를 가지고 있습니다. 그것은 성경의 사상에서 비롯됩니다. 하나님께서는 인간을 누구보다도 사랑하시는 분이십니다. 물론, 예수 그리스도를 믿지 않는 자를 절대 구원하시지는 않지만, 믿는 자에게는 한없이 좋으신 분이십니다.

　인간에게 자유의지를 주셔서 자유롭게 살아가도록 하셨습니다. 헌법에서 인간은 존엄과 가치를 가지고 행복을 추구할 수 있도록 규정하고 있는 것을 뛰어넘어 하나님께서는 우리 인간을 도와주시고 보호해 주시는 분이십니다.

　대한민국 헌법도 인간의 존엄을 인정하고 행복을 추구하며 자유롭게 행동을 할 수 있도록 규정하고 있습니다. 인간이 그 누구에게도 구속(拘束)받지 않고 자유를 누리면서 살 수 있는 것은 참으로 소중하고 중요한 일입니다. 그것은 사람을 살아 숨쉬게 하고 가슴을 뛰게 합니다.

　그러나 그것보다 더 중요하게 성경은 우리에게 생명까지를 주고 있습니다. 하나님의 말씀인 성경은 우리의 생명을 살립니다. 살리는 것과 죽이는 것이 있습니다. 예수 그리스도께서 우리에게 오신 것은 우리를 죄와 사망에서 살리기 위함입니다.

　우리에게 자유를 주는 헌법을 우리의 비전으로 삼고 사회생활을 해야 하지만 우리에게 진정으로 자유와 해방 그리고 가장 중요한 영적인 구원과 생명을 주는 법이 무엇인지 생각해 보도록 합시다. 그래서 사회의 법도 생명이 살아 숨쉬는 법이 되도록 만들어 봅시다. 하나님 안에서 주어진 인간의 권리와 생명이 넘치는 법이 만들어지기를 바랍니다.

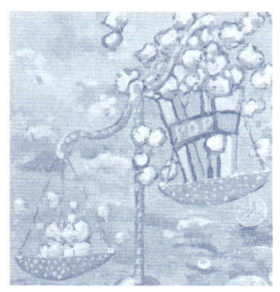

8. 사회를 개혁하는 길

구원받은 하나님의 백성은 성화의 삶을 삽니다. 하나님을 사랑하고 이웃을 사랑합니다. 만일 사회 제도가 잘못되었다면 그 사회 제도를 고치기 위해 노력합니다. 이것이 구원받은 하나님 백성의 삶이기 때문입니다.

예수 그리스도께서도 "너희는 세상의 소금과 빛이다"라고 말씀하셨습니다. 우리는 세상에 소금과 빛으로서 썩어져 가는 세상의 부패를 막고 어둠을 밝히는 삶을 살아야 합니다. 그리고 구약 시대의 선지자들이 예언자적인 삶을 살았던 것처럼 이 시대의 악에 대해 경고하는 삶을 살아가야 합니다.

복음, 즉 예수 그리스도께서 십자가에서 죽었다가 부활하셨다는 사실은 엄청난 능력이 있습니다.

> 내가 복음을 부끄러워하지 아니하노니 이 복음은 모든 믿는 자에게 구원을 주시는 하나님의 능력이 됨이라(롬 1:16).

복음은 다이너마이트와 같은 폭발적인 능력이 있습니다. 과거에는 복음의 능력에 대해 어느 한 면만 중시해서 개인 구원과 사회 구원으로 나뉘어 대립했습니다. 개인 구원을 중시하는 사람들은 개인의 영혼 구원에만 맞춰 복음의 기능을 한정하고 사회 참여에 대해서는 무관심했습니다. 물론, 개인 구원도 중요하지만, 사회적인 문제에 대한 무관심으로 인해 보수화되고 근본주의 신앙이 되어버렸습니다. 반면 사회 구원을 중요하게 여기는 견해는 사회에 참여하는 일 자체가 구원이라고 봄으로써 구원이 개인적으로 임한다는 사실을 왜곡시키고 말았습니다. 현재는 개인 구원과 사회 구원을 동시에 강조함이 마땅하다고 생각합니다.

우리가 사회개혁을 이루기 위해서는 하나님의 은혜가 있어야 합니다. 사회를 개혁한다는 것은 먼저 자신이 하나님의 은혜를 받는 데서 시작합니다. 신자는 먼저 예수 그리스도를 통한 충만한 은혜를 받아야 합니다. 은혜는 아무리 강조해도 지나치지 않습니다.

세상 일의 큰 변화도 먼저 자기 자신부터 시작됩니다. 이 점에서 '수신제가 치국평천하'와 같은 말은 타당합니다. 그리스도의 은혜는 값없이 주시는 선물로써 그의 십자가에 죽음과 부활을 성령님께서 믿게 하심으로 이루어지는 것입니다.

> 너희는 이 세대를 본받지 말고 오직 심령으로 변화를 받아 하나님의 선하시고 기뻐하신 뜻이 무엇인지 분별하도록 하라 이는 너희가 드릴 영적 예배니라(롬 12:1-2).

루터와 칼빈의 종교개혁, 사회의 변화도 그들이 하나님을 만나고 회심했기 때문에 가능했습니다.

우리는 의(義)와 선(善)을 추구해야 합니다. 의롭게 살고 선을 행한다는 것은 일반론 차원에서도 가능하지만, 여기에서의 의와 선은 하나님을 믿는 백성의 의와 선을 말합니다. 하나님 보시기에 의롭고 선한 삶을 사는 것을 말합니다.

아모스 당시 이스라엘 백성의 문제는 가난한 사람들을 압제하고 뇌물을 받고 판결을 굽게 하는 일이었습니다. 사회에 이런 현상이 만연

하니 사회정의가 세워질 수 없었습니다. 사회를 개혁하려면 하나님의 공의와 정의를 세우고 실천해야 합니다.

> 너희는 악을 미워하고 선을 사랑하며 성문에서 정의를 세울지어다 만군의 하나님 여호와께서 혹시 요셉의 남은 자를 불쌍히 여기시리라(암 5:15).

> 오직 정의를 물같이, 공의를 마르지 않는 강같이 흐르게 할지어다(암 5:24).

정의를 세우는 일은 일반적으로 각자에게 자기의 몫이 돌아가도록 하는 일입니다. 가난하고 불쌍한 사람들을 압제하지 않고 구제하는 일, 오늘날로 말하면 사회복지를 실천하는 일 그리고 판결을 정의롭게 하고 사회에 올바른 정책을 실시하는 일을 말합니다.

사회적인 약자에 대해 헌법과 민사소송법은 다음과 같이 규정하고 있습니다. 일반인이 국가 권력기관의 잘못으로 피해를 보게 되면 국가에 대해 정당한 보상을 청구할 수 있습니다. 그리고 가난해서 소송비용을 지출하지 못하는 경우 국가가 소송비용을 부담해 주는 제도가 있습니다.

형사소송법상 경제적 능력이 없는 경우 국가가 국선변호인을 선정해 주는 경우도 사회적인 약자에 대한 배려이고 보상입니다.

> 헌법 28조 형사피의자 또는 형사피고인으로서 구금되었던 자가 법률이 정하는 불기소처분을 받거나 무죄판결을 받은 때에는 법률이 정하는 바에 의하여 **국가에 정당한 보상을 청구**할 수 있다.
> 헌법 제30조 타인의 범죄행위로 인하여 생명·신체에 대한 피해를 받은 국민은 법률이 정하는 바에 의하여 **국가로부터 구조**를 받을 수 있다.

민사소송법 제128조(구조의 요건)
① 법원은 소송비용을 지출할 **자금능력이 부족한 사람의 신청에 따라 또는 직권으로 소송구조(訴訟救助)**를 할 수 있다. 다만, 패소할 것이 분명한 경우에는 그러하지 아니하다.

헌법 제128조(구조의 요건)
① 법원은 소송비용을 지출할 **자금능력이 부족한 사람의 신청에 따라 또는 직권으로 소송구조(訴訟救助)**를 할 수 있다. 다만, 패소할 것이 분명한 경우에는 그러하지 아니하다.

모세가 준 율법, 즉 하나님의 언약에는 이스라엘 사회가 지켜야 할 의식법(하나님과의 관계, 예배에 관한 법), 도덕법(십계명과 같은 법), 시민법(이스라엘 시민의 생활에 관한 법)이 있었습니다. 이스라엘 사회는 그리스와 같은 직접 민주정치 사회는 아니었습니다.

그러나 하나님께서 택하신 사람 그리고 사울왕, 맛디아의 예에서 보듯이 민선에 의한 정치가 있었습니다. 그런데 아이러니한 것은 이스라엘 사회에 영향력을 나타낸 사람 대부분 민선이 아닌 신정(神政) 정치 세력이었다는 것입니다.

현대 사회는 시민 사회인데 이스라엘 사회에서 그 본을 찾아볼 수도 있습니다. 기독교는 시민 사회 친화적입니다. 그것은 어거스틴(Augustine)과 칼빈(John Calvin)에 의해 주장되었듯이 그리스도인은 이 땅의 시민이면서 천국의 시민이기 때문입니다. 시민 사회가 주장하는 개인성·공공성·상호성 모두 기독교의 정신과 중세 수도원 운동에서 칼빈의 제네바 사회에서 비롯되었다는 연구가 있습니다.

시민 사회 영역의 강화는 기독교와 모순되지 않습니다. 우리 사회는 개인성과 공공성 그리고 사회적 신뢰성이 필요하다고 봅니다.

9. 하나님의 통치

하나님은 하늘의 대왕으로서 이 세상과 천국을 통치하십니다. 하나님은 하늘의 재판장이 되십니다. 하나님의 통치는 히브리어로 미쉬파트(מִשְׁפָּט)와 차다크(צָדַק)입니다. 그것을 현대적인 말로 하면 공정한 재판과 사회정의의 실현입니다. 모세는 재판의 공정을 매우 강조했습니다. 그만큼 재판은 공정하고 신속하게 이루어져야 합니다.

우리나라 대한민국의 경우에 국민주권의 이론에 따라 모든 권력은 국민으로부터 나옵니다. 하나님께서는 교회는 직접 통치하시고 사회는 국민주권을 통해 간접 통치하신다고 볼 수 있습니다.

사회생활을 할 때 국민주권의 원리에 따라 사회와 정치적인 영역에서 행동합니다. 대한민국의 모든 권력은 국민으로부터 나옵니다. 국민이 국가의 주인이고 권력 행사의 정당성이고 모든 권력의 샘이라고 할 수 있습니다.

> 헌법 제1조 ① 대한민국은 민주공화국이다.
> ② 대한민국의 주권은 국민에게 있고, 모든 권력은 국민으로부터 나온다.
>
> 제4조 대한민국은 통일을 지향하며, **자유민주적 기본질서**에 입각한 평화적 통일정책을 수립하고 이를 추진한다.

그리고 하나님의 통치는 미쉬파트, 즉 공의로운 재판인데 이와 관련된 대한민국 헌법의 규정을 보면 다음과 같습니다.

> 헌법 제27조 ① 모든 국민은 헌법과 법률이 정한 법관에 의하여 **법률에 의한 재판을 받을 권리**를 가진다.
> ③ 모든 국민은 **신속한 재판을 받을 권리**를 가진다. 형사피고인은 상당한 이유가 없는 한 **지체 없이 공개재판을 받을 권리**를 가진다.
>
> 민사소송법 제134조(변론의 필요성) ① 당사자는 소송에 대하여 **법원에서 변론**하여야 한다. 다만, 결정으로 완결할 사건에 대하여는 법원이 변론을 열 것인지 아닌지를 정한다.
>
> 제135조(재판장의 지휘권) ① 변론은 **재판장(합의부의 재판장 또는 단독판사를 말한다. 이하 같다)**이 지휘한다.

이 세상은 인간이 다스리는 것 같지만 하나님은 보이지 않는 영역에서 우리를 다스리고 계십니다. 그것은 하나님께서 인간을 창조하셨기 때문입니다. 하나님께서는 온 우주 만물과 사람을 만드시고 사람을 대리통치자로 삼으셨습니다. 인간이 온 우주와 동물을 다스리도록 만드셨습니다. 사람은 태어나면서부터 하나님의 다스리심과 통치하심을 받고 살아가게 됩니다.

인간의 통치를 보면 우리나라의 경우는 대통령제 국가로서 인간 대통령이 다스립니다. 대통령은 국민의 위임을 받아 다스리는 데 이것은 정치적인 위임을 말합니다. 그리고 통치하는 지도자는 민주적인 지도자로서 국민을 위해 봉사해야 하는 지위에 있습니다.

그런데 이것이 현실대로 되고 있습니까?

그렇지 않습니다. 권력을 잡은 사람은 다른 사람을 지배하려고 합니다. 남을 통치하려고 합니다. 이것은 잘못된 것입니다.

하나님께서 사람을 만드실 때 우리 인간들 사이에 지배 종속관계로 만들지 않았습니다. 오늘날 우리가 말하는 인본주의적으로 인권을 옹호한다고 하는 정치를 말하는 것이 아닙니다. 하나님의 통치는 가장 인격적이고 인간을 사랑하는 정치입니다.

하나님의 인격적인 통치를 경험하는 나라와 민족이 되기를 바랍니다. 세계의 모든 질서도 하나님의 인격적인 통치하에서 움직이는 일이 있기를 바랍니다. 그것은 국민의 위임을 받고 동시에 하나님의 위임을 받은 정치인이 정치하는 것을 말합니다. 세상 사람들은 그들만의 통치 방식이 있고 하나님을 믿는 하나님의 백성은 하나님 백성의 통치 방식이 있습니다. 그것이 모세가 이스라엘 백성을 영적으로 다스린 통치 방식입니다.

하나님의 통치가 이루어진다고 해서 민주적인 통치가 이루어지지 않는 것은 아닙니다. 물론, 두 가지의 통치가 함께 이루어지면 가장 이상적인 통치라고 생각합니다.

하나님의 통치는 이 세상에서도 가능합니다. 칼빈주의 정치는 세상의 정치에 민주주의라는 귀한 유산을 남겼습니다. 칼빈의 정치사에서의 위치를 잘 파악하는 것이 하나님의 정치라고 생각합니다.

이것은 기독교 세계관에 입각한 정치이며 예수 그리스도의 모든 영역에서의 다스리심을 말합니다. 정치, 경제, 사회, 문화의 모든 영역에서 하나님께서 다스리십니다. 인간의 통치는 불완전합니다. 그러나 하나님의 통치는 완전합니다.

하나님의 통치는 두 가지 부분에서 이루어집니다. 구원의 역사에 있어서 하나님의 통치가 있습니다. 구원의 은혜를 받을 자는 하나님께서 반드시 구원해 주십니다. 이 영역에서 하나님은 결단코 실패하지 않습니다.

그러나 정치의 영역에서 하나님께서는 인간이 원하는 대로 결과를 이루어 주시지 않을 수 있습니다. 그 예를 우리는 바벨론 포로에서 찾을 수 있습니다. 많은 경우에 평화를 원하는 이스라엘 백성과 선지자들이 있었지만, 하나님의 뜻은 바벨론 포로 생활이었습니다.

정치의 영역에서 하나님은 결단코 실패하시지 않겠지만 인간은 실패할 수 있습니다. 그러므로 인간은 겸손히 하나님을 의지하고 하나님의 뜻을 찾으면서 살아가지 않을 수 없습니다. 하나님의 역사가 실패하지 않고 계속되었다는 것은 역사상에 증명이 되었습니다.

지금 북한의 체제는 사이비 공산주의 정권이라고 생각합니다. 일제강점기의 독립운동은 두 가지 방향을 가지고 있었습니다. 하나는 민족주의 계열이고 다른 하나는 사회주의 계열이었습니다. 북한의 지도자 김일성이 독립운동을 했다고 하나 근거는 불확실합니다. 북한의 통치는 이미 실패한 통치입니다.

억압하고 민주적이지 않고 독재하는 나라에서 무슨 정치가 있고 자유가 있습니까?

하나님은 모든 나라를 다스리고 통치하십니다. 불의한 나라에 대해서는 심판을 하십니다. 일본은 제2차 세계 대전을 일으킨 나라입니다. 그들은 이미 심판을 받았습니다. 그들이 과거에 대한민국 정부에 사과한 적은 있습니다. 그러나 진심을 담은 회개와 사과는 아직도 이루어지지 않고 있습니다. 진정한 회개가 없습니다. 우리 민족과 국민에게 진심으로 사죄해야 합니다.

하나님은 인간을 가장 사랑하시고 인간의 인격을 존중하시면서 통치하십니다. 그러므로 모든 비인격적인 것은 하나님께서 결코 원하시는 일이 아닙니다. 하나님 안에 있을 때 참된 인권과 인격의 존중이 있습니다. 인본주의 통치가 아니라 하나님의 통치가 될 때 인간은 가장 행복할 수 있습니다.

그러나 하나님의 통치가 된다고 해서 기독교를 강요하고 기독교 안에 있지 않으면 처벌하는 것은 하나님의 통치가 아닙니다.

과거에 이런 일을 한 경우가 있었습니다. 가톨릭이 영적으로 세상을 다스리려고 했고 칼빈의 통치도 일면은 이러한 부분이 있습니다. 그러나 칼빈의 신학과 정치 철학은 오늘날에 대통령제의 기반이 되었습니다. 그 당시에는 신정정치였지만 또한 민주정치였습니다. 인본주의 통치 방식으로만 세상이 다스려지는 것은 한계가 있습니다.

또한, 하나님 중심의 방식으로 모든 것이 이루어져야 한다는 것도 모순입니다. 이 세상에는 사람들의 생각이 다양하고 여러 가지 사상이 있을 수 있기 때문입니다. 사회의 영역에서 다양성을 인정하면서 하나님의 통치를 이뤄가는 사상이 오늘날에 요구되는 하나님의 통치입니다.

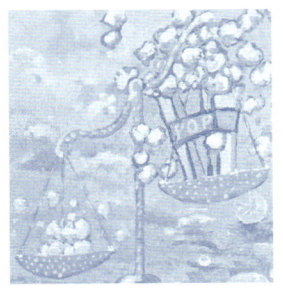

10. 성경과 시민 사회의 친화력

    1980년대 민주화 운동의 세대는 민족민주주의(National Liberty), 민중민주주의(People Democracy) 학생운동권 세력이었습니다. 그들의 사상의 기저에는 사회주의, 공산주의 사상이 있었음을 부정할 수 없을 것입니다.

    지금의 사회는 민주화되어 정치가 제도권 내에서 이루어지고 있습니다. 사람들이 지나치게 소송하려 하고 고발하는 일을 쉽게 하고 있습니다. 그리고 검찰권의 행사도 과거와 비교해 볼 때 매우 쉽게 행해지고 있습니다.

    과거에는 그냥 넘어가는 일도 최근에는 중요하게 다루어지고 처벌을 위해 검찰권을 행사하는 경우가 있습니다. 자신의 정권에 반대하는 자들에게 초법적인 국가권력을 행하는 자들에 비하면 정해진 제도권 내에서 이루어지는 일이기 때문에 그리 나쁜 일이라고는 볼 수 없겠지만 한편으로 지나친 검찰권의 행사는 국민의 기본권 행사를 제한하는 일이라고 볼 수도 있습니다.

    더군다나 무고하게 사람을 고소, 고발해서 처벌하려고 한다면 이것은 무고(誣告)와 관련될 수도 있습니다. 민주주의는 그리스에서 왔지만, 성경의 사상에서도 그리스도인의 빛과 소금의 삶에 대한 말씀 부분을 보면서 우리가 파악하게 되는 것은 성경이 시민 사회 친화적이라는 사실입니다.

일단 시민 사회는 계급투쟁을 인정하지 않습니다. 마르크스는 부르주아 계급의 타파를 위해 노동자 계급의 폭력혁명을 정당화했습니다. 그러나 지금의 시민 사회는 이러한 것을 인정하지 않고 계층이론을 수용하고 있습니다. 계급보다는 계층을 중시하기 때문에 투쟁적인 요소가 상당히 제한됩니다.

현대 사회의 노사문제는 마르크스가 바라는 대로 공산주의 사회로 되지 않고 자본주의 사회 내에서 사회법, 노동법을 수용하는 형태로 이루어지게 되었습니다. 그래서 근로기준법, 노동조합법, 노사협의회법 등을 통해 근로자 내지는 노동자 계층의 불만을 해결하고 있습니다.

현대 사회는 시민 사회 중심으로 가야 발전 가능성이 큽니다. 이것은 막연하게 분배 문제에만 집중하는 견해는 아니라는 것을 의미합니다. 성장도 동시에 이루어 성장과 분배가 함께 이루어지는 중도 노선입니다.

이 중도 노선에는 시민 사회가 있고 시민 단체가 있습니다. 현대 사회에서 시민 운동은 계급투쟁 운동이 아닙니다. 이것은 주님께서 우리에게 말씀하신 대로 빛과 소금의 삶을 사는 운동입니다. 그리고 이것은 과거 그리스 폴리스의 민주정치와도 크게 배치되지 않는 건전하고 바람직한 운동이라고 볼 수 있습니다.

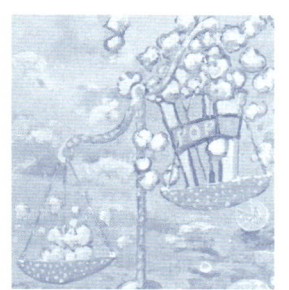

11. 일어나 빛을 발하라

　우리는 그리스도인으로서 밝고, 명랑하게 살아가는 삶을 좋아합니다. 우리가 만일 어둠 속에 살아가게 된다면 우리는 속히 돌이켜 밝고 건강한 삶을 살아야 할 것입니다.
　구원받는 사람은 거룩한 삶을 이루기 위해 노력합니다. 성령 하나님께서 저희를 거룩한 삶을 살 수 있도록 인도하십니다. 신자의 거룩한 삶이 능력입니다. 파워라고 볼 수 있습니다.
　우리는 빛을 발하는 삶을 살고 싶습니다. 우리의 실제 사회 속에서 거룩을 이루며 주님의 빛을 비추는 삶을 살기를 원합니다.
　빛은 인간의 삶에 꼭 필요합니다. 빛은 세상을 밝혀 줍니다. 어두운 세상에서 우리는 행동을 잘 하기가 힘이 듭니다. 빛이 세상을 밝혀 주니 우리는 기쁘고 즐겁게 인생을 살 수 있습니다. 또한, 빛은 살균효과가 있습니다. 세균을 죽입니다.
　하나님께서는 태초에 빛을 창조하셨습니다. 하나님께서 창조하신 빛은 생명의 근원이 되는 것입니다. 빛이 있는 곳에 생명체가 살 수 있습니다. 하나님께서 태양을 만드시기 전부터 식물이 있었다고 창세기에 기록되어 있습니다. 이것을 볼 때 빛이 얼마나 중요한지를 알 수 있습니다.
　우리나라 사회에 빛을 비추는 삶에 대해 관련 민법과 민사소송법 법률 규정을 살펴보면 다음과 같습니다.

민법 제2조(신의성실) ① 권리의 행사와 의무의 이행은 **신의에 좇아 성실히 하여야 한다.**
② **권리는 남용하지 못한다.**
민사소송법 제1조(민사소송의 이상과 신의성실의 원칙)
② 당사자와 소송관계인은 **신의에 따라 성실하게 소송을 수행**하여야 한다.

요한복음 1장에 보면 주님을 생명의 빛으로 말씀하고 계십니다.

> 태초에 말씀이 계시니라 이 말씀이 하나님과 함께 계셨으니 이 말씀은 곧 하나님이시니라 그가 태초에 하나님과 함께 계셨고 만물이 그로 말미암아 지은 바 되었으니 지은 것이 하나도 그가 없이는 된 것이 없느니라 그 안에 생명이 있었으니 이 생명은 사람들의 빛이라 빛이 어둠에 비치되 어둠이 깨닫지 못하더라 하나님께로부터 보내심을 받은 사람이 있으니 그의 이름은 요한이라 그가 증언하러 왔으니 곧 빛에 대하여 증언하고 모든 사람이 자기로 말미암아 믿게 하려 함이라 그는 이 빛이 아니요 이 빛에 대하여 증언하러 온 자라 참 빛 곧 세상에 와서 각 사람에게 비추는 빛이 있었나니 그가 세상에 계셨으며 세상은 그로 말미암아 지은 바 되었으되 세상이 그를 알지 못하였고 자기 땅에 오매 자기 백성이 영접하지 아니하였으나 영접하는 자 곧 그 이름을 믿는 자들에게는 하나님의 자녀가 되는 권세를 주셨으니 이는 혈통으로나 육정으로나 사람의 뜻으로 나지 아니하고 오직 하나님께로부터 난 자들이니라 말씀이 육신이 되어 우리 가운데 거하시매 우리가 그의 영광을 보니 아버지의 독생자의 영광이요 은혜와 4)진리가 충만하더라(요 1:1-14).

예수 그리스도는 생명의 빛입니다. 생명의 빛을 받아들인 신자는 영원한 생명을 누리게 됩니다. 예수님 안에만 참생명이 있습니다.

이사야 선지자는 "일어나라 빛을 발하라"(사 60:1)라고 말씀하고 있습니다. '성도여 일어나 하나님의 빛, 예수 그리스도의 빛, 생명의 빛을 발하라'라는 말씀입니다.

"일어나라 빛을 발하라!"

듣기만 해도 소망이 되는 말씀입니다. 일어나 빛을 발하라는 것에는 그동안 빛을 발하지 못한 삶을 살았기 때문에 이제는 일어나서 빛을 발해야 한다는 내용이 들어 있습니다.

그렇습니다. 우리는 믿음의 백성으로서 살아가면서도 빛을 발하지 못하고 살아가는 경우가 많습니다. 그런 때는 우리가 믿지 않는 사람들과 구별됨이 없이 그냥 자기 마음대로 되는 대로 살아가고 있을 때 이렇게 되는 경우가 많습니다.

그리스도인의 삶의 방식, 하나님의 말씀에 따른 삶의 방식은 가히 인간이 그에 따라 행동하기가 쉽지 않습니다. 어떠한 이념이나 사상보다 더 놀라운 말씀이 성경에 많이 들어 있습니다.

예를 들어, "너희를 박해하는 자를 축복하라 축복하고 저주하지 말라"(롬 12:14)라고 말씀하십니다. 대부분 사람에게 이 말씀은 실천하기 쉽지 않을 것입니다. 사랑의 혁명과도 같은 이 말씀은 우리에게 어떤 사상에서도 찾아볼 수 없는 것을 가르쳐 줍니다.

하나님의 말씀은 참으로 놀랍습니다. 우리나라 사회는 하나님의 축복 속에서 다른 사람을 돌보는 일이 있어야 합니다. 그래야 그리스도인들이 사회에 힘이 있고 영향력이 있는 삶을 살 수 있습니다. 빛을 발하기 위해서는 먼저 나 자신의 죄를 회개해야 합니다.

이사야서 말씀에서 하나님께서는 이스라엘 백성에게 이제는 다시는 죄를 짓지 말라고 하십니다. 인간이 죄에 빠지게 되면 하나님의 일을 할 수 없습니다. 이스라엘 백성이 하나님의 말씀을 지키지 않아서 그들은 하나님의 일을 할 수 없었습니다. 가장 그들이 할 수 없었던 일은 바벨론에 포로로 잡혀가서 하나님을 예배할 수 없었습니다. 그들은 그동안 성전에서 하나님께 예배를 드리는 삶이 얼마나 소중하고 귀중한 것인가를 알게 되었습니다. 인간이 죄를 지으면 이렇게 연약해지고 하나님의 도움을 받을 수 없습니다.

그러나 하나님께서는 인간을 그냥 내버려두시지 않고 다시 회복시켜 주십니다. 하나님께서는 우리가 어려움 속에 그대로 방치되도록 놔두시지 않습니다. 언젠가는 이스라엘 백성을 회복시키신 것처럼 우리를 회복시키셔서 하나님의 일을 다시 하도록 만들어 주십니다.

하나님께서 우리가 하나님 앞에 겸비하고 회개하고 하나님을 찾으면 우리에게 또다시 잘 되게 축복해 주십니다. 우리는 단순히 복을 받기 위해 예수 그리스도를 믿는 것이 아닙니다. 우리가 단순하게 기복주의적인 신앙으로 예수 그리스도를 믿는다면 우리는 하나님께서 만약 우리에게 응답하지 않으신다거나 우리의 생각과는 다르게 일을 이루어 가시면 받아들이기 힘들고 하나님의 품을 떠날 수 있습니다.

다른 종교도 자기 신에게 복을 달라고 기도합니다. 어쩌면 인간의 가장 깊은 곳에 현세에서 복을 받고자 하는 마음이 들어 있는지도 모릅니다. 그러나 기독교는 단순히 기복적인 복을 받기 위해 수단과 방법을 가리지 않는 것과는 분명히 구별됩니다. 하나님은 누군가에 의해 이용을 당하시는 분이 아닙니다. 하나님은 살아 계십니다. 이 세상을 다스리십니다.

그래서 우리가 하나님의 주권과 통치를 인정하면서 살아가는 것이 매우 중요합니다. 하나님께서는 믿는 성도들에게 반드시 복을 주시고 상 주시는 분이지만 그뿐만 아니라 하나님을 주권자로 통치자로 알고 하나님께 경배하며 하나님의 뜻에 겸손히 순종하면서 살아야 합니다.

우리가 일어나서 발해야 할 빛이 무엇인지 다섯 가지 정도로 생각해 볼 수 있습니다.

첫째, 우리는 믿음의 빛을 발해야 합니다.

우리에게 기본적으로 가장 중요한 것은 하나님을 향한 믿음입니다. 교회에 나와서 사람들이 얻게 되는 가장 기본적인 것은 믿음입니다. 예수님에 대한 믿음, 예수 그리스도의 십자가를 믿는 믿음이 있어야 구원받을 수 있습니다. 믿음은 우리가 신앙을 갖는데 가장 기초가 됩니다.

또한, 믿음은 우리의 실제적인 삶에서 요구되는 것입니다. 하나님께서는 우리에게 믿음을 요구하십니다. 우리가 필요한 것들을 하나님께 공급을 받기 위해 믿음이 필요한 경우들이 있습니다.

히브리서 11:1에 "믿음은 바라는 것들의 실상이요 보이지 않는 것들의 증거니"라고 기록되어 있습니다. 여기서 요구되는 믿음은 이루어지지 않은 것을 이미 이루어진 것으로 믿는 믿음입니다. 하나님께서 이루게 하실 것이라는 믿음을 가져야 합니다.

둘째, 우리는 복음의 빛을 발해야 합니다.

일어나라 빛을 발하라는 말씀이 복음주의자, 개혁주의자에게 가장 다가오는 것은 복음의 빛을 발하는 것이라고 할 수 있습니다. 빛을 발하는 것은 복음의 빛을 발하는 것입니다. 믿지 않는 사람들에게 주님의 빛을 비추는 삶을 살라는 것입니다. 사실 가장 중요한 것은 사람이 구원받아 천국에 가는 일입니다. 이 세상에서 부자가 되고 권력을 잡는 것이 아닙니다. 하나님께서 저희에게 주신 사명을 잘 감당하기를 원합니다.

주님의 복음을 전하는 일에 있어서 빛을 발하기를 원합니다.

빛의 사자들이여 어서 가서 어둠을 물리치고
주의 진리 모르는 백성에게 복음의 빛 비춰라
빛의 사자들이여 복음의 빛 비춰라
죄로 어둔 밤 밝게 비춰라 빛의 사자들이여

〈찬송가 502장〈빛의 사자들이여〉〉

셋째, 우리는 사랑의 빛을 발해야 합니다.

주님의 제자로서의 징표가 무엇입니까?

그것은 사랑입니다. 사랑의 마음으로 다른 사람을 나보다 낫게 여기는 것이 진정한 사랑입니다. 우리 주변의 어려운 이웃을 돕는 것도 사랑의 마음입니다. 이 사랑의 마음은 개인적으로 남을 돕는 것도 해당이 되지만 사회적으로 다른 사람을 도울 수 있도록 제도를 만들어 가는 것도 해당합니다.

우리 사회에는 사랑이 필요합니다. 공산주의 사상이 아니라 주님께 받은 사랑의 마음으로 가난한 자를 돕는 일이 필요합니다. 주님께서 우리의 모든 죄를 탕감해 주시고 은혜를 주셨으니 받은 은혜를 베푸는 삶이 필요합니다.

넷째, 우리는 사회의 부패를 막는 빛을 발해야 합니다.

크리스천은 예수 그리스도를 믿고 구원받고 변화 받은 사람들입니다. 그러므로 죄를 짓지 않으려고 노력하는 사람들입니다. 그래서 그리스도인이 '세상의 빛과 소금'이 될 수 있습니다. 사회에는 많은 문제가 있습니다. 이러한 문제를 해결하기 위해서는 우리 자신이 먼저 깨끗하고 죄가 없어야 합니다.

사회의 많은 일 가운데 사람들이 뇌물을 받거나 불법적인 행동을 함으로 말미암아 사회개혁을 부르짖었다가 실패하는 것을 볼 수 있습니다. 그러나 그리스도인은 진정으로 변화를 받은 사람들로서 그리스도인이야말로 세상을 바꿀 수 있는 사람들입니다.

다섯째, 우리는 축복의 빛을 발해야 합니다.

내가 다른 사람을 축복하는 것은 나 자신에게도 참 좋은 일입니다. 다른 사람에게 축복을 빌어 주십시오. 그 사람이 받을 만한 그릇이 되지 않는다면 그 축복이 나에게 돌아온다고 말씀하셨습니다(마 10:12-13). 그렇습니다. 남을 축복하는 일은 하나님의 사람이 해야 하는 일입니다.

하나님께서는 이스라엘 백성에게 일어나서 빛을 발하라고 말씀하셨습니다. 신약의 성도들에게도 똑같이 빛을 발하는 삶이 요구됩니다. 하나님께서는 우리가 하나님의 빛을 발할 것을 말씀하십니다. 우리가 복음의 빛을 발하는 축복의 사람이 되었으면 좋겠습니다.

12. 세상의 소금과 빛

　그리스도인이 세상에서 살아갈 때 우리가 가장 많이 맞닥뜨리는 문제는 정체성의 혼란입니다. 우리는 교회에서 하나님께 예배드리고 경건하게 살아가는 삶을 추구하지만, 세상에 나아가 구별된 삶을 사는 것은 그리 쉬운 일이 아닙니다.
　교회에서는 우리가 경건하게 예배를 잘 드리고, 진실한 그리스도인이라면 세상의 문화가 유혹을 할 때 '내가 이렇게 살아서는 안 되지' 하면서 하나님의 말씀대로 살아가려고 노력합니다. 혹여라도 타락의 길로 가려고 한다면 그렇게 살지 않기 위해 노력한다는 것입니다. 그 이유는 하나님께서 살아 계시는 것을 알기 때문입니다.
　하나님께서 불꽃 같은 눈으로 우리를 지켜보고 계신다는 것을 알기 때문에 우리는 죄를 짓지 않기 위해 노력하면서 살아갑니다. 만약 어느 그리스도인이 교회는 교회의 방식대로 거룩한 체하고 세상에서는 자신의 마음대로 살아간다면 그분이 진정한 그리스도인인지 생각하지 않을 수 없습니다.
　아직 신앙이 약해서 세상의 것을 버릴 수 없어서 그러는 것은 이해가 됩니다. 그러나 신앙을 소유하고 있고 성숙한 그리스도인이 세상에서 타락한 삶을 산다면 이중적인 신앙을 가진 것이라고 볼 수 있고 과연 그리스도인인가 한번 고민을 해 보아야 합니다. 진실로 주님을 생각하고 하나님께서 살아 계심을 느끼고 살아가는 사람은 의도적으로 죄를 짓고 타락할 수 없습니다.

그런데 우리가 분명하게 알아야 할 사실은 우리는 세상에 속해 살아가지만, 그리스도인의 신분을 가지고 살아야 한다는 것입니다. 우리가 북한과 같이 종교의 자유가 없는 곳에서 사는 것보다는 자유가 훨씬 많고 국민이 주인인 민주주의 사회 그리고 사람이 노력하면 부유하게 될 수 있는 자본주의 사회에서 살아가고 있다는 것이 감사한 일입니다. 그러나 이렇게 자유로운 사회 속에서 살아간다고 하더라도 절제하지 않는다면 우리는 멸망의 길로 갈 수 있습니다.

소돔과 고모라처럼 외적인 풍요로움 속에서만 살다가는 오히려 심판을 받아 망하는 길로 갈 수 있습니다. 그래서 자본주의는 절제가 필요합니다. 우리나라 사회는 자본주의 경제를 수정해 추구하는 수정자본주의 체제를 취하고 있습니다. 그런데 정말로 우리는 신앙인으로서 절제하고 경건하게 구별된 삶을 살아서 우리나라가 올바른 방향으로 나아갈 수 있도록 하는 역할을 해야 합니다.

세상의 소금과 빛, 이 말씀은 다음과 같은 의미가 있음을 우리는 잘 알고 있습니다.

"우리는 세상의 소금과 빛이다. 그러므로 세상이 썩지 않도록 만들고 세상에 빛을 비추는 소금과 빛의 역할을 하면서 살아야 한다."

주님께서 말씀하신 세상의 소금과 빛에 관한 실정법률 규정을 찾아보면 다음과 같습니다. 민법과 민사소송법에서 규정하고 있습니다. 민법에는 신의성실의 원칙이나 사회질서에 반하는 계약의 금지 등의 규정을 통해 나타나고 있다고 볼 수 있습니다.

민법 제2조(신의성실) ① 권리의 행사와 의무의 이행은 **신의에 좇아 성실히** 하여야 한다.

② **권리는 남용하지 못한다.**

민법 제103조(반사회질서의 법률행위) **선량한 풍속 기타 사회질서에 위반한 사항을 내용으로 하는 법률행위**는 무효로 한다.

민법 제104조(불공정한 법률행위) **당사자의 궁박, 경솔 또는 무경험으로 인하여 현저하게 공정을 잃은 법률행위**는 무효로 한다.

민사소송법 제1조(민사소송의 이상과 신의성실의 원칙)
② 당사자와 소송관계인은 **신의에 따라 성실하게 소송을 수행**하여야 한다.

　세상의 법률도 이렇게 소금과 빛으로 사람들이 살아야 할 것을 규정하고 있습니다. 우리는 주님께서 말씀하신 소금과 빛의 삶을 살아야 합니다. 주님께서는 마태복음에서 팔복을 말씀하신 후에 신자가 세상에서 어떤 존재인가에 관해 말씀해 주셨습니다. 한마디로 말하면 우리 신자는 세상에서 소금과 빛입니다.
　우리는 세상의 소금의 삶을 살아가야 합니다. 과거에 소금은 굉장히 중요한 역할을 했습니다. 고대 시대에는 소금이 부의 축적 수단이 되었습니다. 소금을 얻기 위해 전쟁을 하기까지 했다고 합니다. 소금은 조미료로도 쓰이고 음식이 썩는 것을 방지하는 역할을 하기도 합니다. 소금은 인류 역사에서 굉장히 중요한 역할을 했습니다. 바닷물이 썩지 않는 이유는 그 안에 소금이 있기 때문입니다. 이렇게 소금이 중요한 것은 방부제 역할을 하기 때문입니다.
　우리가 살아가는 세상은 사람들끼리 어우러져 함께 살아가는 곳입니다. 그렇지만 세상에는 많은 사회적인 악이 있습니다. 세상은 사단이 영향력을 행사하고 있기에 우리가 이 세상에서 살아갈 때 하나님의 뜻대로 하나님의 백성으로서 살아가기는 쉬운 일이 아닙니다. 특히, 그리스도인들은 술, 담배도 하지 아니하고 또한 세상에서 타락한 사람으로서 살지 않기 때문에 오히려 세상에서 핍박받고 살아가는 경우가 많습니다.

예수 그리스도께서는 우리에게 "의를 위하여 박해를 받는 자는 복이 있나니"(마 5:10)라고 말씀하셨는데 이 말씀대로 우리는 실제적인 삶에서 의를 위하여 박해를 받는 삶을 사는 경우가 많이 있습니다. 그런데 우리는 의로운 삶을 살다가 세상에서 박해를 받는다고 할지라도 그것을 기쁘게 여기고 살아가고 있습니다. 박해가 온다고 할지라도 자기 정체성의 혼란을 느끼지 않고 살아가는 것이 굉장히 중요한 것입니다.

언젠가 아는 제 또래의 장로님, 집사님과 이야기를 나누다가 그분들이 군대에서 생활했던 이야기를 듣게 되었습니다. 남자가 군대에 가게 되면 대부분 자기가 사회에서 타락했던 이야기를 하게 된다는 것입니다. 그런데 예수 그리스도를 믿고 교회에 다니는 신자들은 세상에서 타락한 삶을 말하기가 쉽지 않다는 것입니다.

제가 아는 장로님이 세상에서 타락한 이야기를 하지 않았기 때문에 왕따를 당했다고 합니다. 심지어 군대 선임병들을 즐겁게 해 주기 위해 허구의 이야기를 만들어서 말하라고까지 했다는 것입니다. 이러한 일들이 지금의 세상에서도 있을 수 있는 악한 문화라고 할 수 있습니다.

세상에서 일반적으로 사람들이 삶을 살아가는 방식은 자신이 하고 싶은 대로 살고 심지어 거짓말도 쉽게 합니다. 이런 세상에서 우리는 세상에 동화되거나 타락한 삶을 살지 않고 살아가는 것은 참으로 중요하다고 할 수 있습니다. 그리스도인이 세상에 동화되지 않을 뿐만 아니라 적극적으로 세상 속에서 빛을 발하는 삶이 필요하다고 할 수 있습니다.

하나님은 에스겔에게 말씀하셨습니다.

> 이 땅을 위하여 성을 쌓으며 성 무너진 데를 막아서서 나로 멸하지 못하게 할 사람을 내가 그 가운데서 찾다가 얻지 못했으므로(겔 22: 30).

예루살렘성은 이렇게 기도하는 한 사람이 없어 멸망하게 되었습니다. 하나님께서 소돔과 고모라를 멸하려고 하실 때 아브라함이 롯을 위해 기도했습니다. 하나님께서는 의인 열 명이 있으면 소돔과 고모라를 멸하지 않겠다고 하셨습니다. 그러나 열 명의 의인이 없어서 소돔과 고모라는 멸망하고 말았습니다.

우리는 세상에서 소금으로 살아가는 삶이 정말로 필요한 것 같습니다. 죄에 빠져서 쉽게 죄를 지으면서 살아가고 싶겠지만, 우리에게는 죽음 후에 심판이 있다는 사실을 기억하면서 살아야 합니다. 하나님의 백성은 하나님의 사람들로서 맛을 내는 삶을 살아야 합니다. 썩어지는 것을 방지할 뿐만 아니라 적극적으로 맛을 내는 삶을 살아야 합니다.

그리스도인은 그리스도인으로서의 고유한 맛과 향기를 풍기는 삶을 사는 것을 보기도 합니다. 그것은 거룩한 삶을 통해 우리는 그리스도인이라는 모습을 보여 주는 삶입니다. 소금이 조미료로서 맛을 내는 것처럼 우리도 적극적으로 '하나님 백성의 삶은 이런 것이다'라고 맛을 내는 삶을 살았으면 좋겠습니다.

우리는 세상의 빛이 되어야 합니다. 주님께서는 세상의 빛으로 오셨습니다. 생명의 빛으로 오셨습니다. 사실 빛이 누구냐 하면 주님이시고 하나님이십니다. 주님께서는 생명의 빛이 되십니다. 우리의 생명을 살리기 위해서 주님께서 오셨습니다. 생명의 빛으로 오셨습니다. 그 빛을 받은 사람은 누구나 영원한 생명을 얻을 수 있습니다.

주님의 빛을 받아서 우리는 빛이 되는 삶을 살아야 합니다.

> 등불을 켜서 말 아래에 두지 아니하고 등경 위에 두나니(마 5:15).

말은 등불이 빛을 내지 못하도록 차단하는 역할을 하는 것을 말하는데 자기 집에 등불이 빛을 내지 못하도록 차단하는 일을 하는 사람은 없을 것입니다. 그 대신에 등불을 등경 위에 두어서 자기 집에 찾아오는 사람들에게 빛을 비춰 주는 그러한 역할을 할 것입니다. 세상 속에서 우리가 그러한 역할을 해야 한다는 것입니다.

신자는 예수 그리스도를 믿음으로 말미암아 구원받고 착한 행실을 함으로써 세상에서 볼 때 저 사람은 소금과 빛의 역할을 한다는 소리를 듣고 살아가게 됩니다. 빛을 비추는 역할을 우리가 해야 합니다. 세상의 어두운 곳에 빛을 비춰야 합니다. 이것은 인간적인 무슨 운동을 하자는 것이 아닙니다. 물론, 사회운동을 하는 일이 때로는 필요합니다. 사회의 부조리와 악 그리고 강압적인 폭력에 대해 우리는 연대해 저항할 필요가 있습니다. 그리고 사회구조를 개혁하는 일도 필요합니다.

그런데 중요한 개념은 세상에 하나님의 빛, 복음의 빛을 비추는 것을 말합니다. 주 예수 그리스도 복음의 빛만이 우리에게 정말로 생명을 주고 가장 희망이 되는 것입니다. 가장 소망이 되는 것은 바로 어두운 세상에 복음의 빛을 비추는 것임을 기억해야 합니다. 그리고 그것이 우리에게 가장 소망이 된다는 것을 기억해야 합니다.

주님의 빛을 받아서 어두운 세상에 빛을 비춰야 합니다. 어두운 세상을 밝게 해야 할 사명이 있습니다. 우리가 어두운 세상을 밝게 비추는 빛의 사명을 감당하는 그런 삶을 살기를 원합니다. 그리고 착한 행실 통해 하나님께 영광을 돌리는 삶을 살아야 합니다.

우리는 세상이 썩지 않도록 하는 소금과 같은 역할 그리고 세상에 동화되지 않는 거룩한 삶, 구별된 삶을 살아야 합니다. 모두가 타락하고 죄의 길로 간다고 할지라도 나는 그런 삶을 살지 않겠다고 하는 믿음으로 하나님을 기쁘시게 하는 삶을 살기를 바랍니다.

정부의 인사제도를 보면 관직에 임명하기 전에 후보자들이 결격 사유가 있는지 없는지 검증을 하게 되는데 그 과정에서 그들의 죄가 낱낱이 다 드러나게 된다는 사실이 신기하고 놀랍습니다. 그러므로 사람은 죄를 짓고 버젓이 살아갈 수 없는 것 같습니다.

우리가 의롭고 착한 행실 그리고 소금과 빛으로서 삶을 살면 하나님 아버지께서 영광을 받으십니다.

"아! 저 사람은 그리스도인으로서 죄의 삶을 살지 않고 정말 빛과 소금의 삶을 살고 있다. 예수 그리스도의 사람이다."

이처럼 세상 사람이 칭찬하면 하나님께서 영광을 받으시는 것입니다.

그래서 우리는 이렇게 빛과 소금으로 행하여 우리의 착한 행실로 하나님께 영광을 돌려 드려야 합니다. 가장 착한 행실을 행하는 것은 주님의 복음을 널리 전하는 것입니다. 주님께서는 우리에게 세상에 빛과 소금이 되어 달라고 하신 것이 아닌 세상의 빛과 소금이라고 말씀하셨습니다(마 5:13).

주님은 우리가 소금의 역할을 잘하지 못하면 밖에 버려져 밟히게 될 것이라고 말씀하셨습니다. 우리가 하나님의 백성으로서 삶을 잘 살지 못하면 세상의 사람들에게 오히려 밟히게 된다는 것입니다. 세상 사람들에게 적당하게 맞춰주면서 살아가는 것은 칭찬받는 일이 아니라 오히려 세상의 사람들에게 조롱받는 일이 될 수 있습니다.

우리는 착하게 살고 의로운 삶을 살기 원합니다. 그럴 때 우리가 세상의 빛과 소금이 될 수 있고 하나님께 영광 돌리는 삶을 살 수 있습니다.

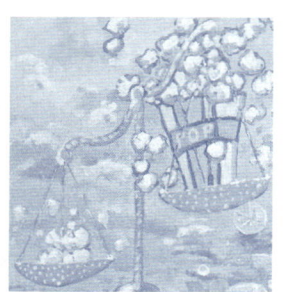

13. 하나님 나라의 시민, 세상 나라의 시민

우리는 하나님으로부터 축복받는 삶을 살고 있습니다. 때로는 감당하기 어려운 고난이 겪기도 하지만 그래도 우리는 하나님께서 베풀어 주신 은혜가 우리의 삶에 풍성하게 넘쳐나고 있음을 보게 됩니다.

세상의 모든 것은 다 하나님의 것입니다. 하나님께서 우리에게 주셔서 우리가 누리면서 살아가게 만드셨습니다. 그러므로 우리는 하나님의 은혜에 감사하며 살아야 합니다.

우리는 두 가지의 영역에서 공동체 생활을 하고 있습니다. 하나는 교회이고 또 다른 하나는 사회입니다. 교회에서는 하나님을 믿는 신앙생활을 하고 세상에서는 우리의 가정, 학교, 직업 속에서 사회생활을 합니다. 사회에다가 한 발을 딛고 또 교회에다가 한 발을 딛고 살아가고 있습니다. 그렇다고 해서 우리가 세상에 지나치게 빠져서 살지는 않습니다. 세상이 전부인 것처럼 그렇게 살아가지는 않습니다.

사실 우리에게 있어서는 교회가 전부이고 교회 생활로 충분하다고 할 수 있습니다. 그러나 세상에서 살아가는 삶도 중요하다고 성경에서 말씀하고 있기 때문에 중요한 것입니다. 칼빈은 교회와 세상의 관계를 말하면서 신자는 두 가지 나라의 시민이라고 말했습니다.

하나는 이 세상 나라의 시민이고 또 하나는 하나님 나라의 시민입니다. 우리는 세상에 속해 있으면서 동시에 하나님 나라에 속해 있습니다. 이 세상 삶이 전부가 아닙니다. 하나님의 나라, 천국을 소중하게 여기며 천국을 향해 살아가고 있습니다. 우리는 세상 속에서 자유롭게 우리의 직업을 영위하면서 우리의 삶을 살아갑니다. 세상 사람들과도 좋은 관계성을 가지면서 살아가고 있습니다.

우리는 세상에서 정치에 참여하기 위해 투표를 하기도 하고 또 내가 직접 정치를 하는 사람이 되기도 하면서 그렇게 세상의 시민으로서 살아갑니다. 그러나 또 한 가지 우리가 기억해야 할 사실은 세상의 시민으로만 살아가는 것이 중요한 것이 아니라 천국의 백성으로서 살아가는 것이 중요하다는 것입니다. 이 세상 속에서의 삶만 중요하다면 이 세상으로 끝나고 말 것입니다.

그러나 그것으로 끝나는 것이 아니라 내세가 있습니다. 이 세상으로 끝나는 것이 아닙니다. 저 영원한 하나님 나라, 천국이 우리를 기다리고 있습니다. 세상 나라의 삶이 육적인 삶에 가깝다면 하나님 나라의 삶은 영적인 삶이라고 할 수 있습니다. 우리에게는 영적인 삶이 더욱 중요합니다.

따라서 우리가 삶을 살아갈 때 하나님 나라의 시민으로서 삶이 더 중요하고 이 세상 나라의 시민으로서 삶도 다음으로 중요합니다. 우리는 이렇게 좋은 의미의 이중적인 삶을 살고 있습니다.

그러나 그것을 우리가 잘 알지 못해 이 세상은 완전히 무시해 버리고 천국을 바라보고 산다고 해서 세상을 완전히 등지고 살려고 하면 오히려 이상한 일들이 일어나게 될 수도 있습니다. 예를 들어, 이단들의 경우는 새로운 공동체를 만들어서 거기에다가 재산을 모두 다 바치고 그곳이 천국이라고 생각하고 살아갑니다.

이러한 것은 복음에 대한 이해가 잘못된 것이라고 볼 수 있습니다. 따라서 우리는 이 세상을 살아갈 때 영적인 삶이 가장 중요하고 세상에서의 삶도 중요하다는 것을 알고 살아야 합니다.

국가와 교회의 관계에 대해서 우리는 예수 그리스도께서 하신 말씀을 잘 상고해 보아야 합니다. 예수 그리스도께서 바리새인들에게 가이사의 것은 가이사에게 하나님의 것은 하나님께 바치라고 말씀하셨습니다. 바리새인들은 예수님을 책잡기 위해서 질문을 했는데 그들의 의도는 다음과 같습니다. 만일 예수 그리스도께서 가이사에게 세금을 바치라고 한다면 당시의 이스라엘은 로마의 식민지이기 때문에 로마의 정권을 인정하는 결과가 되고 예수님은 매국노와 같이 취급을 받게 됩니다.

그러나 만일 반대로 예수 그리스도께서 하나님께만 세금을 바치라고 한다면 로마 정권의 반역자로 몰려 죽을 수도 있습니다. 이렇게 바리새인들은 악한 의도를 가지고 질문을 한 것입니다. 예수님께서 이렇게 하지도 못하고 저렇게 하지 못하도록 진퇴양난에 빠지게 하는 그런 질문을 한 것입니다.

그러나 예수 그리스도께서는 하나님의 아들이기 때문에 그들의 악한 의도에 빠지거나 그러실 분이 아니시죠?

그래서 예수님께서는 데나리온 하나를 가져오라고 하신 후 물으셨습니다.

"이 형상과 이 글이 누구의 것이냐?"

그들이 대답했습니다.

"가이사의 것입니다."

예수님께서 말씀하셨습니다.

"가이사의 것은 가이사에게 하나님의 것은 하나님께 바치라."

예수님께서는 로마도 국가이므로 로마에 세금을 바치고 하나님의 것은 교회에 바치라고 말씀하셨습니다. 예수 그리스도께서 바리새인들에게 하신 말씀을 통해 우리는 국가와 교회의 관계를 파악할 수 있습니다. 원칙적으로 예수님의 말씀이 매우 타당하신 말씀입니다. 국가와 교회가 분리되어 있다는 것입니다. 이것을 정교분리의 원칙이라고도 합니다.

종교인도 개인 소득에 대해 국가에 세금을 바쳐야 합니다. 예수님은 참으로 지혜롭게 말씀하셨습니다. 누구도 이렇게 지혜롭게 말할 수 없을 것입니다. 예수님의 말씀에 조금 더 나아가 종교개혁가들은 국가도 하나님께서 주관하신다고 생각했습니다. 국가가 신앙생활과는 완전히 동떨어져서 있는 것이 아니라 국가도 하나님께서 주관하시는 일반은총의 산물입니다.

우리가 일상적인 삶에서 재능을 가지고 직업 속에서 살아가는 일도 중요하지 않습니까?

마찬가지로 일반적인 일들도 하나님께서 굉장히 중요하게 생각하십니다. 국가도 하나님께서 다스리는 통치 영역입니다. 다만 예수님을 믿지 않는 지도자들이 다스리게도 하시죠. 때로는 악한 지도자들도 있습니다. 그러나 하나님께서는 악한 지도자는 그 쓰임에 맞게 사용하십니다.

과거 공산주의 지도자인 스탈린, 모택동 이런 자들은 악한 역할로 하나님께 쓰임 받은 것입니다. 그리고 자유 진영에 많은 훌륭한 지도자가 있습니다. 그렇게 하나님께서는 사람들을 사용하십니다.

우리가 세상에서 살아가는 모든 것이 하나님의 소유라는 것을 우리가 인정해야 합니다. 이 사실을 우리는 잘 기억해야 합니다. 당연히 교회는 특별한 은총이 있는 곳으로서 하나님의 집입니다. 이것은 당연히 하나님의 것이죠. 그래서 모든 것이 하나님의 소유라는 것을 알아야 합니다. 우리는 하나님께서 주신 것을 관리하는 청지기라는 사실을 기억해야 합니다.

예수님은 국가와 교회의 올바른 관계성에 대해서 말씀하셨습니다. 국가도 하나님께서 세우신 것이기 때문에 국가에 순종해야 한다고 말씀하십니다. 아무리 예수님을 믿지 않는 사람이 다스리는 국가라고 할지라도 일단은 그리스도인은 순복해야 합니다.

그러나 하나님의 뜻에 어긋나는 일을 할 때 예를 들어 하나님을 믿지 못하게 하는 일을 할 때 우리는 순종하지 않고 저항할 수 있습니다. 그러나 국가가 교회에 대해서 악한 일을 하지 않는 이상은 우리는 국가에 순종해야 합니다. 국가에 순종하고 당연히 세금을 내야 합니다.

그리고 국가는 교회를 보호해야 합니다. 국가는 그리스도인이 신앙생활을 잘 할 수 있도록 보호해야 합니다. 국가가 예수 그리스도를 믿는 성도를 핍박해서는 안 됩니다.

요즘은 종교인들도 세금을 내고 있지 않습니까?

국가는 종교를 보호하고 지키는 역할을 해야 합니다. 우리는 하나님을 믿고 구원받은 하나님의 백성입니다.

예수 그리스도께서 하신 말씀과 같이 가이사의 것은 가이사에게 하나님의 것은 하나님께 바쳐야 바른 국가와 종교의 관계가 될 수 있습니다. 국가에 세금을 잘 낼 뿐만 아니라 하나님의 뜻에 어긋나지 않는 한 기본적으로 순종해야 합니다. 또한, 교회에서 하나님의 말씀을 잘 듣고 또 은혜를 받아서 구원받고 성령 충만한 삶을 사는 우리가 되었으면 좋겠습니다.

14. 민족을 세우시고 주관하시는 하나님

　예레미야 18장을 보면 하나님께서 예레미야에게 토기장이가 그릇을 만드는 것을 가서 보라고 말씀하십니다. 하나님께서는 때로는 우리에게 이와 같이 이해할 수 없는 명령을 하시기도 하십니다. 아브라함에게 이삭을 바치라고 하셨던 것과 같이 우리에게 이해되지 않는 말씀을 하십니다.

　예레미야가 토기장이의 집에 가서 녹로로 그릇 만드는 것을 보니 그릇이 잘못 빚어지면 그것을 깨뜨려 버리고 다시 만들었습니다. 녹로라는 것은 도자기를 만드는 도구로 두 개의 돌이 위아래로 있고, 아래에서 발판을 굴리면 돌이 돌아가면서 그릇이 만들어지게 되어 있다고 합니다. 토기장이는 이 녹로를 사용하여 토기장이의 마음대로 그릇을 만들었습니다.

　하나님께서 이스라엘 백성에게 말씀하고자 하시는 것은 하나님은 토기장이와 같이 너희 이스라엘 백성을 세우기도 하고 멸하기도 하시는 분이라는 사실을 기억하라는 것입니다. 민족을 세우시고 주관하시는 하나님께서 오늘날에는 인간 통치자를 세우셔서 하나님의 일을 하십니다.

헌법 규정을 찾아보면 다음과 같습니다.

> 헌법 제1조 ①대한민국은 민주공화국이다.
> ②대한민국의 주권은 국민에게 있고, 모든 권력은 국민으로부터 나온다.
>
> 제5조 ①대한민국은 **국제평화의 유지에 노력하고 침략적 전쟁을 부인**한다.

이스라엘이 하나님 앞에 돌이켜 회개하면 하나님께서는 그것을 기억하시고 이스라엘 백성에게 내리려고 했던 재앙을 내리지 않지만 그들이 하나님을 잘 섬기지 않고 끝까지 우상 숭배 하는 일을 고집할 때는 그들에 대해 하나님께서 심판하실 수밖에 없다는 것을 말씀해 주십니다.

하나님은 개인이나 민족에게 있어서 절대 주권자이십니다. 토기장이가 토기를 만들 때 자기 마음대로 토기를 만듭니다. 자신이 만들고 싶은 대로 만드는 것입니다.

오늘날 인간이 자동차를 만들고 비행기를 만들 때도 계획한 대로 만들지 않습니까?

마찬가지로 하나님께서도 인간을 만드실 때 하나님께서 계획하시는 대로 만드셨습니다. 그리고 지금 우리의 삶 속에서도 하나님께서 하나님의 마음대로 움직이고 계십니다.

원래 하나님의 주권은 칼빈 신학에서 굉장히 중요하게 여기는 것입니다. 인간의 구원은 전적으로 하나님의 주권에 달려 있다는 것입니다. 하나님께서 어떤 사람은 구원받을 사람으로 선택하시고 또 어떤 사람은 버린 사람으로 예정하셨다는 것입니다. 이것이 선택과 유기입니다. 하나님께서 이삭의 아내 리브가의 태중에 있는 쌍둥이 중 둘째 아들인 야곱을 족장으로 선택하시고 에서는 버리신 것은 하나님의 절대주권 가운데에 있는 일입니다.

 우리는 하나님의 은혜로 선택받고 구원받았습니다. 나를 버림받은 사람이 아니라 하나님을 섬기는 사람으로 택해 주셨다는 것을 감사하면서 살아야 합니다. 우리는 선택받은 사람이기 때문에 하나님께서 어떤 사람은 택하시고 다른 사람은 버리시는지 따지며 불평을 할 필요가 없습니다. 하나님께서 선택한 사람은 모두 교회로 와서 하나님의 말씀을 듣고 구원받는다는 사실을 기억하면 충분합니다. 그 외의 것은 하나님만이 아십니다. 우리는 신묘막측(神妙莫測)한 하나님의 뜻을 모두 알 수가 없습니다.

 하나님의 주권을 생각하며 인간이 주체가 되지 못한다고 비판을 하기 쉽습니다. 인간은 하나님께 종속되어 아무것도 할 수 없다는 것입니다. 그리고 하나님은 하나님의 주권을 악을 위해 사용하지 않으십니다. 하나님은 절대 선(善)입니다. 하나님은 절대로 선을 위해서만 당신의 주권을 행하시는 것입니다. 이 사실을 꼭 기억했으면 좋겠습니다.

 그래서 하나님께서는 마르크시즘처럼 어느 인간이 절대적으로 주체가 되어 혁명을 이루어 가는 것보다 더 완전하고 선하게 이루어 가십니다. 인간은 불완전합니다. 인간은 선한 사회를 만들 수 있는 완벽한 역량이 없습니다. 모두가 하나같이 죄인이기 때문입니다.

 또한, 하나님께서는 우리의 인생을 인도해 가십니다. 우리의 실제적인 삶에서의 생사화복을 주관해 가십니다. 우리가 살아가는 일상의 모든 삶이 하나님의 주관하심 가운데 있습니다. 우리가 영혼이 잘되고 범사가 잘되어 형통한 삶을 사는 것은 하나님께서 역사하셔서 되는 일입니다. 좋은 직장을 얻고 장사가 잘되어 돈을 많이 버는 것 모두 하나님께서 도와주셔서 되는 것입니다.

물론, 이 세상의 일이 잘 안되시는 분도 있는 줄 압니다. 그러나 하나님께서 언젠가는 도와주셔서 좋은 날을 허락해 주신다는 사실을 기억하도록 합시다. 이 땅에서 얻을 것이 없고, 소망이 없으면 저 하늘나라에서라도 소망을 주시고 함께해 주십니다. 하늘나라에서 영원토록 주님과 함께 살아갈 수 있도록 해 주십니다. 이렇게 하나님께서는 우리를 도와주십니다. 우리 인생의 모든 일 가운데 함께해 주시고 주관해 주십니다.

우리나라의 역사에 있어서도 하나님께서 역사하셨습니다. 우리나라가 6.25 전쟁에서 공산화가 되었더라면 우리는 하나님을 섬길 수 없습니다. 그러나 많은 목사님이 공산화가 되지 않도록 계속 기도하고 이에 따라 미국의 맥아더 장군이 인천상륙작전을 진행함으로 말미암아 공산군이 쫓겨가고 이 나라가 주권을 회복했습니다. 우리나라의 경우에 하나님께서 도와주시지 않으면 우리나라는 정말로 잘 될 수가 없습니다. 우리나라가 이렇게 잘살게 된 것도 하나님께서 도와주셔서 된 일입니다.

하나님께서는 국가와 민족의 흥망성쇠를 주관하십니다. 국가와 민족에 대해 하나님의 역사하심이 있습니다. 우리 하나님은 국가와 민족도 다스리십니다. 믿음의 백성에 대해서는 특별은총으로 함께해 주십니다. 그런데, 일반적인 사람과 국가, 민족에 대해서는 일반은총으로 역사하십니다.

구약 시대에는 하나님께서 여러 이방 나라에 대해 특별계시로 역사하셨습니다. 앗수르(앗시리아)와 바벨론(신바빌로니아)의 경우도 하나님의 특별계시 가운데 있었다고 보아야 합니다. 그래서 이사야나 예레미야가 이들 나라에 대해 언급을 한 것입니다.

바벨론의 느브갓네살왕과 같은 사람은 다니엘이 자신이 꾼 꿈을 해석을 하자 다니엘에게 고백했습니다.

"너희 하나님은 참으로 모든 신의 신이시오. 모든 왕의 주재시로다."

고레스와 같은 사람은 이방인이었지만 하나님의 백성을 바벨론에서 해방시키고 이스라엘로 돌아가게 하는 데 큰 역할을 하였습니다.

여기서 우리는 하나님께서 당신의 구속 역사를 이루시기 위해서 이방의 여러 민족과 나라를 사용하신다는 것을 알게 됩니다. 하나님께서 민족들을 세우시고 폐하시는 것은 이스라엘 민족을 위해서였습니다. 오늘날로 말하면 믿는 사람들을 위해서 국가와 민족을 사용하십니다.

하나님께서 가장 관심을 두신 일은 국가와 민족 안에 있는 사람들이 하나님을 믿는 것입니다. 이렇게 하나님을 믿게 하기 위해서 세상의 국가나 민족을 활용하시는 것입니다.

오늘날에는 교회가 가장 중요합니다. 그래서 하나님을 믿지 않는 사람들의 나라에는 일반은총의 입장에서 다스리십니다. 우리나라의 경우에는 그래도 하나님을 믿는 사람이 많이 있기에 하나님께서 우리나라와 민족을 주관하신다고 보아야 합니다. 우리나라와 민족의 경우에 하나님께서 민족의 흥망성쇠를 주관하고 계심을 알아야 합니다.

그래서 이스라엘처럼 하나님을 잘 믿으면 징계하시지 않고 하나님을 잘 믿지 않으면 징계하시는 것입니다. 우리 민족을 세우시고 선택하시고 인도해 가시는 분은 우리 하나님이십니다. 하나님을 잘 믿고 순종하는 나라는 부흥하고 축복을 받으며 하나님을 거역하는 나라는 멸망한다는 것을 알았으면 합니다.

구약 시대에 하나님께서 이스라엘을 선택하시고 이스라엘 이외의 나라들도 하나님께서 구원의 역사 가운데 세우기도 하시고 폐하기도 하셨습니다. 이는 구약 시대의 상황에서 주신 말씀으로 현재의 신약 시대에 그대로 적용 하기에는 무리가 따를 것으로 보입니다. 그러나 적용하지 못하는 것은 아닙니다. 현대 교회가 중심이 되어 하나님의 나라가 전 세계에 이루어져 가는 시대에 이 말씀이 간접적으로 적용될 수 있습니다.

신약 시대에는 예수 그리스도께서 오셨습니다. 국가와 민족은 그리 중요하지 않습니다. 우리에게 중요한 것은 하나님의 나라와 하나님의 백성이라는 사실입니다. 그런데 국가와 민족도 예수 그리스도를 받아들이느냐 받아들이지 않느냐가 굉장히 중요한 경우가 많습니다. 역대 국가에서 예수 그리스도를 받아들인 나라는 백성이 구원과 축복을 받았습니다.

그 대표적인 나라가 로마입니다. 로마의 경우 콘스탄티누스 대제가 A.D. 390년에 기독교를 공인했습니다. 그리고 로마는 전 세계를 천 년 동안 지배했습니다. 종교가 흥왕했고, 전 세계를 다스리는 축복을 받았습니다. 물론, 중세에 암흑기가 있었던 것은 사실입니다. 그러나 전체적으로 볼 때 하나님께서는 기독교의 천년 왕국과 같은 역사를 이루어 주셨습니다. 로마는 동로마가 오스만 제국(오스만 튀르크)에 멸망하기까지 천 년 동안 왕 노릇 했습니다.

그러나 예수 그리스도를 받아들이지 않고 십자가에 못 박은 이스라엘은 이천 년 동안 세계 각국에 유리하며 방황하게 되었습니다. 그들은 예수 그리스도를 받아들이지 않았고 그 저주를 자기와 자기 자녀들에게 돌리라고 말한 대로 이천 년 동안 세계의 역사 속에 유리방황하는 자들이 되었습니다.

PART 5

복음 증거의 삶

1. 예수 그리스도의 고통
2. 포도나무이신 예수 그리스도
3. 복음 전파의 목적
4. 성령님께서 시키시는 일
5. 하나님 말씀 전파의 사명자

1. 예수 그리스도의 고통

　예수님께서는 십자가를 지시기 전에 로마의 총독 본디오 빌라도에게 재판을 받으셨습니다. 본디오 빌라도는 예수님께 죄가 없음을 알았습니다. 그런데도 그는 민란이 일어나는 일이 두려워 무죄한 예수님을 십자가에 못 박게 했습니다. 빌라도의 죄에 대해 현대판으로 해석해 보면 직권남용죄가 아닌가 싶습니다.
　형법의 규정을 살펴보면 다음과 같습니다.

> 제123조(직권남용) **공무원이 직권을 남용**하여 **사람으로 하여금 의무없는 일을 하게 하거나 사람의 권리행사를 방해한 때**에는 5년 이하의 징역, 10년 이하의 자격정지 또는 1천만원 이하의 벌금에 처한다.

　하나님은 인간을 사랑하십니다. 무한한 사랑을 베푸십니다. 아버지가 자녀를 사랑하는 그 이상을 더 뛰어넘는 사랑을 하십니다. 인간을 그토록 사랑하기에 우리의 죄를 사해 주시기 위해 예수님을 십자가에서 제물이 되게 하셨습니다.
　그것은 누구 때문입니까?
　바로 나 때문입니다. 나 같은 죄인 때문에 주님은 십자가를 지셔야만 했습니다. 모두가 나의 죄 때문입니다. 예수님께서는 육체적인 고통을 당하셨습니다. 십자가를 지셨고 그 육체적인 고난은 말로 표현할 수 없는 고난이었습니다. 예수님은 빌라도의 법정에서 재판을 받으셨습니다. 빌라도는 죄가 없으신 예수님께 십자가를 지는 극형을 선고했습니다.

　예수님께서 십자가를 지실 때 그 육체적인 고통은 이루 말로 표현할 수 없었습니다. 머리에는 가시 면류관을 쓰셨습니다. 그 가시로 인해 머리에서 피가 뚝뚝 흘렀습니다. 또한, 채찍에 맞으셨습니다. 당시의 채찍에는 날카로운 돌이나 쇠가 박혀 있어서 그 채찍에 맞으면 살이 찢겨 나가는 고통이 있었습니다. 예수님의 머리에는 가시 면류관으로 인해 피로 물드셨고 채찍에 맞아 살이 찢기는 고통을 겪으셨습니다.

　예수님께서는 십자가에 달리셨는데 두 손과 두 발에는 못이 박혀 엄청난 고통을 겪었습니다. 사람이 죽는 데에 있어서 잠깐이면 고통도 없이 죽는 경우가 있지만 이러한 십자가의 형벌은 사람이 엄청난 고통을 느끼면서 서서히 죽어가는 고통을 주는 것이었습니다.

　예수님의 육체적 고통은 인간이 당할 수 있는 최대의 고통이었습니다. 그래서 십자가의 형벌은 잔인한 형벌입니다. 사람에게 참기 어려운 고통을 가하면서 서서히 죽이는 형벌이기 때문입니다. 그리고 십자가상에서는 숨쉬기가 매우 힘들다고 합니다. 온몸의 하중이 아래로 향해져 있어서 한번 숨을 쉬려고 하면 뼈가 으스러지는 고통을 겪어야만 한다는 것입니다.

　왜 이렇게 하나님의 아들인 예수 그리스도께서 고통을 당하셔야만 하셨습니까?

　그것은 나와 같이 흉악한 죄인의 죄 때문입니다. 주님의 십자가 희생을 통해 나의 죄가 용서함을 받고 구원받았음을 감사하는 삶을 살아야 합니다.

　"주님, 감사합니다. 저와 같은 죄인을 구원해 주시니 정말로 감사합니다. 주님의 은혜에 보답하며 살겠습니다. 복음을 전하며 살겠습니다."

주님은 자기를 따르는 사람들에게서 버림받는 고통을 당하셨습니다. 예수님께서 말씀을 가르치시고 복음을 전파하시고 병자를 고치실 때 많은 사람이 예수님을 따랐습니다. 오병이어의 기적을 행하셨을 때 무리는 예수님을 왕으로 삼으려고 했습니다.

그러나 예수님은 무리를 피하셨습니다. 예수님께서 나귀를 타고 예루살렘에 입성하실 때 사람들은 "호산나 호산나" 하면서 예수님을 왕으로 맞이했습니다. 그것이 바로 고난 주간 안에 있었던 일입니다.

그런데 이러한 무리가 돌변해 갑자기 예수님을 십자가에 못 박으라고 외치는 무리로 바뀌었습니다. 사람이 아무리 마음이 쉽게 변한다지만 불과 며칠 전에 있었던 일을 잊어버리고 예수님을 십자가에 못 박으라고 하는 것은 이해하기가 쉽지 않습니다. 그만큼 무리는 무지한 사람들이었습니다.

예수님께서 십자가에 달리셨을 때 육체적인 고통을 참으실 수 있으셨겠지만, 이러한 사람들의 조롱은 참기 힘드셨을 것입니다.

> 지나가는 자들은 자기 머리를 흔들며 예수를 모욕하여 이르되 아하 성전을 헐고 사흘에 짓는다는 자여 네가 너를 구원하여 십자가에서 내려오라 하고(막 15:29-36).

그들은 예수님을 조롱했습니다. 예수님을 사기꾼 취급을 했습니다. 예수님께서 성전을 헐고 사흘 만에 지으신다는 말씀은 예수님의 몸을 가리켜 말씀하신 것인데 이들은 잘못 이해하고 예수님을 조롱했습니다. 예수님께서는 실제로 십자가에 달려 돌아가시고 사흘 만에 부활하실 것인데 그것을 모르는 무지한 인간은 이렇게 예수님을 모욕했습니다.

예수님께서는 신성을 가지신 분이기 때문에 십자가에서 내려오실 수 있는 분이십니다. 그리고 엘리야 선지자처럼 하늘에서 불을 내려서 모두 심판해 버리실 수도 있는 분이십니다. 그러나 예수님께서 그 사람들을 모두 멸하시고 십자가에서 내려오시면 인류를 구원하기 위한 하나님의 뜻은 이루어질 수 없습니다. 하나님의 뜻은 예수님께서 십자가를 지시고 인류의 모든 죄를 위해 죽는 것이었습니다.

예수님께서는 유월절 한 마리의 어린양으로서 하나님과 인간 사이의 화목을 위한 화목제물로 죽으셨습니다. 그러한 사실을 무지한 무리는 몰랐습니다. 예수님께서 당하신 육체적인 고난을 묵상하고, 예수님께서 자기를 따랐던 자들로부터의 배신과 모욕을 당하셨을 때의 고통을 생각해 보면 주님은 얼마나 마음이 아프셨을까 하는 생각을 해보게 됩니다.

주님은 이렇게 자기를 지지했던 사람들로부터 버림받는 정신적인 고통을 겪으셨습니다. 우리의 죄 때문에 고난을 당하신 것입니다. 주님께서 당하신 고난은 우리 때문에 당하신 고난입니다. 사람들이 예수님을 비난하고 욕할 때 우리도 그 자리에 있었습니다. 우리도 예수님을 욕하고 비난한 악한 죄인입니다. 이제 우리는 주님의 보혈로 죄씻음을 받은 사람들입니다.

다시는 옛날로 돌아가는 어리석은 삶을 살아서는 안 되겠습니다. 주님의 고통을 묵상하며 주님의 은혜를 기억하는 삶을 살기를 바랍니다.

주님은 제사장들과 서기관들로부터 고통을 당하셨습니다. 대제사장들과 서기관들은 예수님을 죽일 모의를 하고 빌라도의 법정에 고소한 사람들입니다. 무리는 사람들이 예수님을 따르는 것을 시기하고 예수님을 지지하게 될까 두려워서 예수님을 십자가에 못 박혀 죽게 한 사람들입니다.

자기들의 기득권을 위해 예수님을 십자가에 달려 죽게 만든 것입니다. 그들은 예수님의 능력이 하나님께로부터 왔음에도 불구하고 그 능력을 의심하고 왜곡하는 자들이었습니다.

그들은 능력의 주님을 거부했습니다. 예수님이 메시아이심을 받아들이지 않았습니다. 그들은 자기들이 정한 메시아 상(象)이 있었습니다. 그것은 로마의 압제로부터 자기들을 해방할 정치적인 메시아였습니다.

그러나 이사야서 52:14과 53:2 그리고 스가랴서 말씀을 통해 볼 때 메시아가 분명히 고난받는 분이심을 그들은 알 수 있었을 것입니다. 그런데도 대제사장들과 서기관들 그리고 무리는 메시아에 대한 잘못된 견해를 가지고 오직 자기 나라를 부강하게 해 줄 것만을 생각한 것입니다. 그들의 시대착오가 예수님을 받아들이지 않고 십자가에 못 박게 한 것입니다.

주님은 하나님으로부터 단절되는 고통을 겪으셨습니다. 주님께서는 하나님의 아들로서 늘 아버지 하나님과 교제하는 삶을 사셨습니다. 예수님께서 공생애를 시작하실 때 하늘에서 성령이 비둘기같이 내려오셨습니다. 성령의 임재를 충만히 경험하셨습니다. 예수님은 사역을 하시면서 하나님과 교제하시고 새벽에 하나님께 기도하셨습니다.

예수님께서는 항상 아버지 하나님과 동행하셨고 교제 가운데 기쁨을 누리는 삶을 사셨습니다.

> 제구시에 예수께서 크게 소리 지르시되 엘리 엘리 라마 사박다니 하시니 이를 번역하면 나의 하나님, 나의 하나님 어찌하여 나를 버리셨나이까 하는 뜻이라(막 15:34).

예수님께 있어서 가장 큰 고통은 하나님과 관계가 단절되는 고통이었습니다. 하나님과 늘 교제하셨던 예수님을 하나님께서는 인류의 모든 죄를 지시고 십자가에 달려 죽으셔야 하는 그 순간에는 외면하셨습니다. 하나님은 자기 아들을 외면하시고 그 관계가 단절되면서까지 우리를 사랑하셨습니다.

예수님께서 겪으셔야 했던 고통은 십자가의 육체적인 고통보다 하나님과의 관계의 단절에서 오는 고통이 더 크셨습니다. 하나님 아버지와의 관계가 단절되실 만큼 우리의 죄가 컸고, 그 죄를 위해 죽으셔야만 했던 주님을 생각할 때 우리는 우리의 죄에 대해 생각하지 않을 수 없습니다.

우리는 모두 다 죄인입니다. 그런데 하나님의 은혜로 구원받았습니다. 그 은혜는 값싼 은혜가 아니라 자기의 아들 독생자를 희생하시면서까지 우리를 사랑하신 고귀한 은혜라고 할 수 있습니다. 주님께서는 육체적인 고통을 당하셨고 그 외에 자신을 따랐던 사람들로부터의 멸시와 천대 그리고 하나님과의 관계의 단절로 인해 엄청난 고통을 겪으셨습니다.

주님께서 당하신 고통은 우리를 위한 것입니다. 구원의 은혜에 감사합니다. 나는 빚진 자입니다. 나와 같이 빚진 자를 주님께서 구원해 주셨습니다.

"주님 은혜에 감사드립니다. 주님, 감사합니다."

2. 포도나무이신 예수 그리스도

 헌법에는 생명권이 규정되어 있지 않지만, 인간의 존엄과 가치 행복 추구권 등에 의해 사람의 생명권에 대해 규정하고 있다고 보아야 합니다. 예수님께서는 사람으로 하여금 "생명을 얻게 하되 더 풍성하게 얻게 하시기 위해" 오셨습니다. 예수님이 우리에게 주시는 것은 풍성한 생명과 삶입니다.

> 헌법 제10조 모든 국민은 **인간으로 존엄과 가치**를 가지며, **행복을 추구할 권리**를 가진다. 국가는 **개인이 가지는 불가침의 기본적 인권**을 확인하고 이를 보장할 의무를 진다.
>
> 제11조 ① 모든 국민은 **법 앞에 평등**하다. 누구든지 성별·종교 또는 사회적 신분에 의하여 정치적·경제적·사회적·문화적 생활의 모든 영역에 있어서 차별을 받지 아니한다.
>
> 제12조 ① 모든 국민은 **신체의 자유**를 가진다. 누구든지 **법률에 의하지 아니하고는 체포·구속·압수·수색 또는 심문을 받지 아니하며, 법률과 적법한 절차**에 의하지 아니하고는 **처벌·보안처분 또는 강제노역**을 받지 아니한다.

 포도나무는 풍요로움을 상징하는 나무입니다. 이스라엘 나라에서 하나님께서 백성에게 복을 주실 때에 포도즙을 주신다는 말씀을 구약에서 여러 차례 하셨습니다. 포도주는 잔치와 관련이 되기도 합니다. 예수님께서 가나의 혼인 잔치에서 물로 포도주를 만드는 기적을 행하셨습니다. 예수님의 첫 기적이 혼인 잔치에서 이루진 것입니다.

그리고 또한 포도주는 예수님의 성찬식과 관련이 있습니다. 예수님께서는 유월절 만찬을 제자들과 함께 나누셨습니다. 이 만찬은 십자가를 지기 전날에 이루어진 일입니다. 이 만찬에서 주님께서는 "떡은 너희를 위해 주는 나의 몸"이라고 하셨습니다. 그리고 "포도주는 너희를 위하여 내어주는 나의 피"라고 하셨습니다. 포도주는 성찬식에서 주님의 보혈을 상징합니다.

하나님 아버지는 농부이시고 예수님은 참포도나무이십니다. 성도는 그리스도와 굳게 연합되어야 합니다. 우리는 하나님 아버지와 예수님과 좋은 관계성을 맺어야 합니다. 우리가 하나님 아버지 그리고 예수 그리스도와 교제하기 위해서는 포도나무이신 예수 그리스도와 연합되어야 합니다.

연합은 굳게 뭉쳐서 있어서 떨어지지 아니하는 것을 말합니다. 삼위의 하나님은 온전히 연합해 계십니다. 삼위의 하나님이 일체가 되어 한 분 하나님이십니다. 하나님이 세 개의 신이 아니라는 말씀입니다. 하나님은 오직 한 분이십니다. 그 삼위 하나님은 떼려고 해도 뗄 수가 없는 것입니다. 마찬가지로 우리는 먼저 주님과 연합되어야 합니다.

우리 성도가 주님과 연합되는 것은 주님께서 나의 죄를 위해 십자가에 달려 죽으셨다는 것을 인정하고 주님을 전인격적으로 믿고 나의 인생의 구원 주로 믿는 것을 말합니다. 한마디로 말하면 구주 되신 예수님을 믿는 것입니다.

우리 신자는 주님을 믿는 사람입니다. 그것이 신자의 핵심 표지요 증거입니다. 주님이 없이는 우리는 존재할 수 없습니다. 하나님 아버지가 계시고 주님께서 보좌 우편에 앉아 계십니다. 우리와 항상 함께하시고 동행해 주십니다. 우리는 주님과 늘 동행하면서 살아야 합니다.

주님 안에 굳게 붙어 있어야 합니다. 주님을 믿지 않는 분이 있으시다면 나의 마음을 두드리시는 주님을 영접하시기를 바랍니다. 주님을 나의 마음에 모셔 들이기를 바랍니다. 우리가 주 예수 그리스도를 믿고 그분과 연합될 때 우리는 그분과 영적인 교제가 이루어집니다.

예수님은 우리에게 생명을 주시는 참포도나무이십니다. 포도나무에는 참포도나무와 거짓 포도나무가 있습니다. 생명을 주시는 참포도나무가 되시는 분이 주님이십니다. 주님 안에 있으면 영생 나무의 열매가 맺어지게 됩니다.

다른 것에 붙어 있으면 절대로 영생의 열매를 맺을 수 없습니다. 우리 주님은 참목자이십니다. 요한복음 10장에는 참목자가 되시는 예수님에 관한 말씀이 기록되어 있습니다.

진정한 목자는 어떠한 분입니까?

"나는 선한 목자라 선한 목자는 양들을 위하여 목숨을 버리거니와"라고 말씀하고 있습니다. 주님은 선한 목자가 되시는 분이십니다. 우리 죄를 용서해 주시기 위해 십자가에 달려 돌아가셨습니다. 정말로 우리와 같은 양들을 위해 목숨을 버리셨습니다.

하나님께서는 참목자가 되시는 예수님께 우리의 모든 죄악을 담당시키셨습니다. 마침내 예수님께서 나의 죄를 용서해 주시기 위해 십자가에 달려 돌아가셔야만 하셨습니다.

우리는 참목자 되시는 주님과 늘 동행하는 삶을 살아야 합니다. 예수님께서 지상에서 사역하실 당시에는 거짓 목자가 있었습니다. 그것은 바리새인과 서기관들이었습니다. 그들은 양들을 영생의 길, 천국의 길로 인도하지 못하는 사람들이었습니다. 그들은 양들을 멸망의 길, 지옥의 길로 인도하는 사람들이었습니다.

　우리는 참목자 되신 예수님을 잘 믿고 의지해야 합니다. 우리를 위해 자신을 희생하신 예수 그리스도, 생명의 주인 되시는 예수 그리스도를 잘 믿어야 합니다.

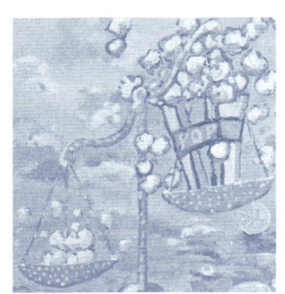

3. 복음 전파의 목적

　복음을 영접하고 구원받은 사람은 전도하는 일에 힘쓰는 사람이 됩니다. 성령님께서 하시는 가장 중요한 일은 복음을 전하는 일입니다. 우리 신자는 모두 하나님께서 구원하신 자로서 복음을 전해야 할 사명이 있습니다. 주님께서 우리에게 명령하신 바에 따라서 우리가 복음을 전하는 전도자가 다 되기를 원합니다.
　주님은 십자가에 달려 죽으셨다가 다시 부활하셨습니다. 주님께서는 무덤에 머물러 계시지 않았고, 주님께서 말씀하신 대로 다시 살아나셨습니다. 주님의 십자가에 죽음과 부활은 우리에게 엄청난 일이 됩니다. 그것은 우리의 죄가 사함을 받게 되고 또한 우리도 주님과 같이 부활할 것이라는 소망이 우리에게 있게 되는 것입니다.
　주님께서는 부활하신 후에 사도행전 말씀에 기록된 바와 같이 40일 동안 제자들에게 주님의 부활하신 몸을 보여 주셨습니다. 그리고 주님의 부활이 사실이고, 주님은 부활의 신령한 몸을 입으셔서 벽을 뚫고 지나갈 수도 있다는 것을 보여 주셨습니다.
　그리고 제자들에게 하나님의 나라와 천국에 대해 말씀하셨습니다. 제자들은 그때까지도 천국의 개념을 이스라엘 나라의 회복, 즉 인간적인 목표에 두고 있음을 보게 됩니다.
　그러나 주님께서는 영적인 나라에 대해 말씀하시고 "때와 기한은 아버지께서만 아신다"라고 말씀하시면서 성령의 충만을 받아 전도에 힘쓸 것을 말씀하셨습니다.

> 오직 성령이 너희에게 임하시면 너희가 권능을 받고 예루살렘과 유대와 사마리아와 땅끝까지 이르러 내 증인이 되리라 (행 1:8).

제자들은 크게 두 가지 면에서 삶의 변화를 겪게 되었습니다. 먼저는 주님께서 부활하심으로 인한 변화입니다. 주님께서는 생전에 주님이 부활하실 것을 여러 차례 말씀하셨습니다. 그러나 제자들은 의심했습니다. 주님께서는 말씀하신 대로 다시 살아나셨습니다. 이것은 제자들에게 놀라운 변화를 가져다주었습니다.

주님의 부활을 목격했습니다. 주님의 성령이 그들에게 임했습니다. 오순절의 성령강림 사건은 주님의 교회가 탄생한 것을 말합니다. 제자들은 주님을 만남으로 삶이 변화되었습니다. 과거에 주님께서 십자가를 지실 때에 모두 도망갔습니다.

그러나 주님의 부활을 목격하고 그들은 주님께서 살아나셨으므로 그들도 다시 살아날 것을 믿게 되었습니다. 그리고 결정적으로 주님의 성령이 그들에게 오셔서 내주하셨습니다. 그래서 그들은 어떠한 위협이 와도 주님의 복음을 담대히 전할 수 있었습니다.

복음 전파의 목적은 우리가 하나님의 사랑을 전하기 위함입니다. 하나님은 우리를 하나님의 형상으로 창조하셨습니다. 하나님께서 창조하시고 우리를 보시고 "보시기에 심히 좋았더라"라고 말씀하셨습니다. 하나님은 놀라우신 사랑으로 우리를 사랑하십니다.

> 사랑은 여기 있으니 우리가 하나님을 사랑한 것이 아니요 하나님이 우리를 사랑하사 우리 죄를 속하기 위하여 화목제물로 그 아들을 보내셨음이라 (요 4:10).

그리스도 예수 안에 있는 속량으로 말미암아 하나님의 은혜로 값없이 의롭다 하심을 얻은 자 되었느니라(롬 3:24).

하나님은 우리의 쓸 것을 모두 공급해 주십니다. 주님께서 부활하시고 승천하시기 전에 제자들에게 말씀하셨습니다.

그러므로 너희는 가서 모든 민족을 제자로 삼아 아버지와 아들과 성령의 이름으로 세례를 베풀고 내가 너희에게 분부한 모든 것을 가르쳐 지키게 하라 … (마 28:19-20).

주님의 지상명령이기 때문입니다. 교회의 가장 큰 목적은 주님의 복음을 전파하기 위함입니다. 교회의 본질을 우리는 훼손하지 말아야 합니다. 교회는 사교를 위한 곳이 아닙니다. 준사를 위한 곳도 아닙니다. 명예를 얻기 위한 곳도 아닙니다. 교회는 하나님을 예배하기 위한 곳입니다. 교회는 복음 전파를 위한 곳입니다. 교회는 성도의 교제가 있는 곳입니다.

하나님께서 우리에게 주신 가장 좋은 것이 있습니다. 그것은 바로 성령을 선물로 주셨다는 것입니다. 성령님은 증거의 영이십니다.

성령을 주신 목적이 무엇입니까?

성령을 주신 목적은 우리가 예수님을 믿어 구원을 얻게 하시기 위함입니다. 성령이 계신 사람은 부활합니다. 성령님이 우리의 보증이 되시기 때문입니다. 성령님이 계신 사람은 전도하게 됩니다. 성령님은 교회를 세우시고 전도하는 일을 하십니다.

4. 성령님께서 시키시는 일

하나님께서는 믿지 않는 사람들이 구원받는 것을 기뻐하십니다. 예수 그리스도께서도 잃은 양의 비유를 통해 우리에 있는 아흔아홉 마리의 양보다도 잃은 양 한 마리를 찾아내기까지 찾아다니신다고 말씀하셨습니다.

하나님께서 간절히 원하시는 소원은 택하신 백성이 구원받는 일입니다. 우리의 영혼이 구원받아 천국에서 하나님과 함께 영원히 사는 일을 하나님은 가장 기뻐하시는 것입니다. 이를 위해 우리를 먼저 불러 구원하여 주시고 복음을 전하도록 하신 것입니다. 우리는 가까운 우리의 이웃부터 전 세계에 이르러 복음을 전해야 합니다. 주님께서 부활하신 후에 말씀하시기를 "너희는 온 천하에 다니며 만민에게 복음을 전파하라"(막 16:15)고 말씀하셨습니다. 이 말씀에 순종하여 우리는 어느 곳이든지 복음을 전파하는 일을 해야 합니다.

우리는 살아가면서 우리의 뜻과 의지대로 살지 말고 성령님께서 우리에게 시키시는 일을 하면서 살아가야 합니다. 내 뜻과 내 의지대로 살아가게 되면 성령님께서 역사하실 수 없습니다. 하나님의 뜻을 찾고 성령님께서 우리에게 원하시는 대로 우리가 행해야 우리가 승리하는 삶을 살 수 있습니다.

성령님은 하나님과 예수 그리스도의 영이십니다. 우리는 예수 그리스도를 주님으로 믿게 될 때 성령을 선물로 받게 됩니다. 예수 그리스도가 마음에 계신 사람은 성령님이 영으로 우리 안에 임재하여 계시는 것입니다. 성령님은 인격적인 영이십니다. 우리가 사람들과의 관계에서 서로 서운한 일이 있거나 때로는 말다툼을 하게 될 때 마음이 좋지 않습니다. 인격적으로 서운한 감정을 느끼게 되는 경우가 많이 있습니다.

성령님께서는 인격적인 분이시기 때문에 우리에게 무슨 일을 시키실 때 우리의 인격을 존중하십니다. 우리가 원하는 대로 일단은 해 주시고 우리를 끊임없이 설득하셔서 하나님의 일을 하게 하십니다.

그리고 우리가 하나님 앞에 죄를 범하고 잘못된 일을 할 때 성령님께서 슬퍼하고 근심하기도 하십니다. 성령을 근심시키지 말고 소멸시키지 말아야 합니다. 하나님께서 원하시는 일을 하지 않고 자기의 마음대로 계속 살게 되면 성령님께서 근심하시게 됩니다. 그러므로 우리는 성령님을 우리의 마음에 모신 자로서 성령님과 인격적인 관계를 잘 맺으면서 살아가야 합니다. 성령님을 존중하고 성령님의 뜻대로 살아야 합니다. 성령님께서 우리에게 바라시는 것은 그리스도의 공동체가 하나 되어 예배하고 복음 증거의 사역을 감당하는 것입니다.

현대 사회는 분열과 갈등 다툼이 많은 사회입니다. 사람들이 서로 자기주장을 하고 조금만 무슨 일이 있어도 소송으로 문제를 해결하려고 하다 보니 우리나라는 소송 비용이 참으로 많이 들고 있습니다. 서로 다투고 분열하여서는 우리에 좋을 것이 없습니다. 하나 되고 서로 위하고 배려해 주는 아름다운 마음이 있어야 합니다.

제가 예전에 서울특별시 성동구 소재 무학교회와 한양대학교 기독대학인회(ESF)라는 선교 단체에서 신앙생활을 할 때 사람들이 참으로 아름다운 사랑의 교제를 했던 것으로 기억이 됩니다. 특히, 기독대학인회 공동체는 주님의 사랑으로 서로 사랑하는 공동체였습니다. 그것은 구성원 중의 많은 사람이 거듭남의 체험을 하고 하나님을 만나고 그 하나님의 놀라운 사랑을 깨닫게 되었기 때문입니다.

하나님의 사랑이 어떤 사랑입니까?

"우리가 아직 죄인 되었을 때 그리스도께서 우리를 위하여 죽으심으로 하나님께서 우리에게 대한 자기의 사랑을 확증하셨느니라"고 했습니다.

우리가 아직 죄인이 되었을 때 주님께서 우리를 위하여 십자가를 지고 죽으셨다는 것입니다. 하나님은 자기 아들을 내어주시기까지 한 사랑을 우리에게 주신 것입니다. 또 요한일서 말씀에 "우리가 하나님을 사랑한 것이 아니라 하나님이 우리를 사랑하사 그의 아들 독생자를 내어 주셨다"라고 했습니다.

우리가 하나님을 사랑한 것이 아닙니다. 오직 하나님이 우리를 사랑하셔서 우리를 위하여 그 아들 독생자까지 내어 주신 사랑을 하신 것입니다. 이러한 주님의 놀라운 사랑을 받은 우리는 서로 사랑할 수 있습니다. 다른 사람을 나보다 높이고 아껴 주고 사랑을 베푸는 삶을 살 수 있는 것입니다.

성령님께서 우리에게 바라시는 일은 기도하는 일입니다.

우리가 하나님의 일을 할 때 기도하면 하나님께서 우리가 해야 할 일을 가르쳐 주십니다. 하나님의 일은 우리의 힘과 능력으로 되는 것이 아니라 기도를 통해서 이루어지게 됩니다. 기도는 하나님께서 역사하시는 통로가 됩니다. 우리가 하나님의 일을 할 때 기도하면 더욱 잘 할 수 있습니다. 기도하는 사람이 전도하고 하나님의 일을 잘 감당할 수 있습니다. 능력 있는 사역자가 되기를 원한다면 기도해야 합니다. 하나님의 뜻을 묻고 성령님의 역사하심을 간구하면서 하나님의 일을 해야 합니다.

우리가 어렵고 힘든 일이 있을 때 기도해야 합니다. 기도하면 하나님께서 일하십니다. 하나님께서 우리를 위해 일하시고 우리를 위해 주시면 감히 우리를 막을 사람이 없습니다. 주님의 능력을 나의 능력으로 가져오는 것은 하나님께 기도함을 통해서임을 알아야 합니다. 기도는 주님의 이름을 부르고 주님의 능력을 구하는 것입니다.

예수님과 제자들이 갈릴리 바다를 여행하고 있었을 때 예수 그리스도께서는 배의 고물에서 잠을 자고 계셨습니다. 뱃머리에서 예수님께서는 고요히 잠을 자고 계셨는데 바람이 세차게 불고 파도가 휘몰아치기 시작했습니다. 배가 뒤집힐 것 같은 상황이었습니다. 그래서 제자들은 발을 동동 구르며 두려워하였고 급기야 제자들은 예수님을 깨우기 시작했습니다. "믿음이 적은 자들아, 내가 언제까지 너희와 함께 있겠느냐"라고 하셨습니다. 그리고 바람과 파도를 향하여 잔잔할 것을 명령하셨습니다. 그러자 바람과 파도가 잔잔하게 되었습니다.

우리 주님은 능력의 하나님이십니다. 바람과 파도 자연현상도 천지를 만드신 주님 앞에 잠잠하게 되는 것입니다. 제자들이 주님을 깨우고 주님께 도움을 요청해서 바람과 바다가 잔잔해진 것처럼 우리도 주님께 기도하면 주님께서 응답하시고 주님의 능력을 베풀어 주시는 것입니다.

성령님께서는 우리가 전도하기를 원하십니다. 성령님께서는 우리가 하나 되어 전도하기를 원하십니다. 선교하기를 원하십니다. 안디옥교회는 바울과 바나바를 따로 세워 선교사로 파송했습니다. 이것이 하나님의 뜻이었기 때문에 성령님께서는 이렇게 하라고 시키신 것입니다.

성령님께서는 하나님의 말씀을 통하여 그리고 우리의 영혼에 말씀하시는 하나님이십니다. 성령님을 모시고 늘 성령님과 동행하면서 성령님의 인도하심을 받고 사는 것은 행복하고 즐거운 일입니다.

성령님께서는 특별히 영혼 구원을 위해 역사하시는 분이십니다. 우리가 예수 그리스도를 구주로 믿고 고백하게 하시는 분이 성령님이십니다. 성령님께서 원하시는 일이 우리의 교회 공동체가 주안에서 하나가 되고 주의 복음을 전하기 위해 기도하고 전도하는 일임을 알게 됩니다. 전도의 역사를 이루어 가시는 성령님을 의지하여 열심히 전도하고 또 성령님을 늘 마음속에 모시고 살아 평안을 누리며 사시기를 바랍니다.

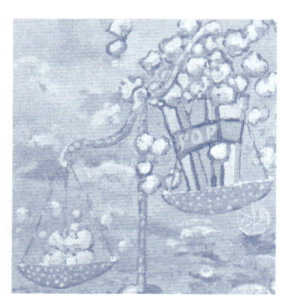

5. 하나님 말씀 전파의 사명자

우리는 주님의 거룩한 보혈로 구원받은 새사람입니다. 새로운 피조물, 살아 있는 생명체가 되었습니다. 주님의 말씀으로 우리가 변화를 받았고 주님의 말씀대로 행동하는 사람이 되었습니다. 우리가 변화를 받은 것은 먼저 우리 자신이 잘 압니다.

그리고 하나님께서 아시고 주위에 있는 성도님들이 압니다. 우리는 변화를 받아 새사람이 되었는데 그 변화에 대해 살펴보면 전에는 우리가 친구들 사이에서 욕을 하기도 하고 싸움을 하기도 했습니다. 그러나 예수님을 믿고 변화를 받고 나서는 이러한 일을 잘 하지 않습니다. 남이 우리에게 부당하게 괴롭히지 않는 한 우리는 남과 먼저 다투거나 싸우는 일을 하지 않습니다. 하나님의 말씀에서 우리를 교훈하신 바와 같이 다른 사람들과 화목하고 원수도 사랑하려고 노력합니다.

우리는 이렇게 예수님의 능력으로, 성령께서 우리를 변화시키셔서 새사람이 되었습니다. 주님의 놀라운 은혜를 덧입은 새사람, 구원의 사람, 중생의 사람이 되었습니다. 주님의 십자가와 부활을 확신하게 되었고 영생과 부활을 확신하는 사람이 되었습니다. 이것은 전에 없던 놀라운 변화입니다. 이렇게 변화를 받은 우리는 주님의 복음을 이제는 널리 전하는 일을 하기 위해 충성을 다할 것입니다.

사명자는 하나님의 말씀을 전하도록 부름을 받은 사람입니다. 하나님께서는 사람을 부르셔서 당신의 귀한 역사를 이루어 가십니다. 사명자는 먼저 예수 그리스도의 보혈로 거룩하게 되어야 합니다. 이스라엘

제사장의 위임식에 관한 말씀이 레위기에 기록이 되어 있습니다.

　제사장이 될 사람은 먼저 자기 자신이 거룩하게 수소와 숫양의 피로 죄 씻음을 받아야 합니다. 자기의 몸을 정결하게 하고 자기 자신의 죄를 속하기 위한 제사를 드렸습니다. 자기 자신이 거룩하게 되어야 하나님의 일을 감당할 수 있기 때문입니다. 자신이 거듭나지 아니하고는 하나님의 백성을 지도할 수 없습니다.

　그리고 하나님의 말씀을 받아야 합니다. 선지자는 하나님의 말씀을 받아서 증거하는 사람입니다. 하나님의 말씀을 내가 먼저 받아서 나의 말씀으로 삼고 나에게 적용하고 난 후에 하나님의 말씀을 전해야 합니다.

　또한, 사명자는 하나님의 말씀을 전파하는데 성령님께서 역사해 주시기를 위해 기도하면서 사명을 감당해야 합니다. 우리 자신이 하나님의 말씀을 전하는 것 같지만 성령님께서 역사하시지 않으면 사람은 절대로 변화되지 않습니다. 성령의 역사하심이 있어야만 사람이 변화되는 것입니다.

　그리고 성령의 역사하심이 있어야 사람이 말씀을 통해 구원을 확신하게 됩니다. 주님의 일은 내가 하는 것이 아니라 주님의 성령께서 역사하시고 우리를 사용하셔서 성취됩니다. 그러므로 우리는 주님께 기도하면서 주님의 일을 감당해야 합니다.

　하나님께서는 에스겔을 하나님의 말씀을 전하는 선지자로 부르셨습니다. 에스겔은 포로로 잡혀가 그발 강가에서 하나님의 음성을 들었습니다. 하나님께서 에스겔 선지자에게 환상을 보여 주시고 하나님과 천사들을 보여 주셨습니다. 이렇게 하나님께서는 당신의 사명자들에게 말씀을 주시고 먼저 확신을 갖게 하신 다음에 그들을 통해 하나님의 말씀을 전하게 하십니다.

사명자는 하나님의 말씀을 받아야 합니다.

> 또 그가 내게 이르시되 인자야 너는 발견한 것을 먹으라 너는 이 두루마리를 먹고 가서 이스라엘 족속에게 말하라 하시기로(겔 3:1).

복음을 전하는 자는 먼저 그 복음을 받아서 전해야 합니다. 구약 시대에는 하나님께서 선지자들에게 하나님의 말씀을 들려주셨습니다. 하나님께서 주신 말씀을 잘 받아서 성도들에게 전해야 합니다. 복음 전파의 사명자는 하나님 말씀의 놀라운 능력을 알아야 합니다.

에스겔 선지자는 하나님께서 주신 말씀을 받아서 먹으니 달기가 꿀과 같다고 말했습니다. 하나님께서 당신의 말씀을 주셔서 먹게 되었는데 그 말씀의 맛이 놀라운 맛이었다는 것입니다. 말씀을 전하는 자는 하나님의 말씀이 생명을 살리고 구원을 주는 놀라운 말씀임을 확신해야 말씀을 전할 수 있습니다.

영적으로 우리는 말씀을 받아야 합니다. '말씀을 먹으니 이렇게 달구나' 하고 하나님의 말씀을 잘 받아야 잘 전할 수가 있습니다. 하나님의 말씀을 전하는 사람은 하나님의 말씀으로 구원의 확신을 가진 사람이어야 합니다. 그리고 말씀을 묵상하면 할수록 이 생명의 말씀으로 인해 말씀의 확신이 더해지고 더욱더 하나님의 말씀을 전하고자 하는 열정이 강해져 하나님의 말씀을 잘 전할 수 있습니다.

제가 대학 시절 성경을 묵상할 때 그 맛이 정말로 꿀과 같은 맛이었습니다. 저에게 생명을 주고 매일 삶에서 소망을 주는 말씀이었습니다. 대학 시절에 리더 훈련을 받으면서 말씀을 묵상하고 나누는 일을 많이 했습니다. 이것이 저에게 아주 큰 힘이 되었습니다. 그 당시는 하나님의 말씀이 나의 소망이었고 나의 힘이었던 시절이었습니다.

다윗은 하나님의 말씀이 꿀과 송이 꿀보다 더 달다고 말씀하고 있습니다. 하나님의 말씀을 잘 묵상해 보십시오. 얼마나 생명을 주는 말씀인지 감동을 하지 않을 수 없을 것입니다.

> 달고 오묘한 그 말씀 생명의 말씀은
> 귀한 그 말씀 진실로 생명의 말씀이
> 나의 길과 믿음 밝히 보여 주니
> 아름답고 귀한 말씀 생명 샘이로다
> 아름답고 귀한 말씀 생명 샘이로다
> (찬송가 200장 〈달고 오묘한 그 말씀〉)

하나님의 말씀을 받은 사명자는 하나님의 말씀을 전해야 합니다. 에스겔 선지자에게 하나님께서 환상과 말씀을 주셨습니다. 그래서 에스겔 선지자는 여호와 하나님과 그의 말씀을 잘 알고 있었습니다. 이제 에스겔 선지자가 해야 할 일은 하나님의 말씀을 전하는 일입니다.

하나님을 잘 알려고 하지 않고 자기 마음대로 자기 길을 고집하는 이스라엘 백성에게 회개를 촉구하는 말을 전해야 하는 것이 에스겔 선지자의 사명이었습니다.

오늘날에는 어떻습니까?

우리는 주님께서 우리 죄를 사해 주시기 위해 동정녀의 몸에서 태어나시고 십자가에서 죽으시고 부활하셨다는 놀라운 복음을 가지고 있습니다. 우리는 이러한 하나님의 복음을 열심히 전해야 합니다.

에스겔 선지자가 하나님의 말씀을 전한 것처럼 우리도 하나님의 말씀을 전해야 합니다. 우리는 주님의 종입니다. 주님께서 우리에게 명령하신 일을 해야 합니다. 그것은 주님의 복음을 전하는 일입니다.

PART 6

시대적인 단상-사회 참여의 실제적인 적용

1. 홍범도 장군에 대한 진실
2. 국제평화주의
3. 그리스도인의 사회관
4. 선한 사마리아인법
5. 후쿠시마 원전 오염수에 대한 대책

1. 홍범도 장군에 대한 진실

홍범도 장군은 독립운동가이고 한국 국민과 국군이 존경해야 할 인물이라고 봅니다. 국군은 독립군과 광복군을 계승했지, 일본군을 계승한 것이 아닙니다. 홍범도 장군이 원했던 것은 오로지 독립운동이었습니다. 자료를 찾아본 결과 다음과 같은 진실에 도달하게 되었습니다.

홍범도 장군에 대해 오해하고 있는 것은 사실을 확인해 보면 그렇지 않습니다. 우리는 진실을 따라야 하며 진실이 아닌 거짓을 수용할 수는 없습니다. 역사적 사실이 가장 중요한 것입니다. 사실이 아닌 거짓을 보수 자본주의라는 명목으로 무조건 따라가는 것은 옳지 못합니다.

물론, 홍범도 장군은 사회주의와 친했을 수도 있습니다. 그러나 그가 가장 원했던 것은 사회주의가 본질이 아니라 사회주의를 활용한 독립군의 통합이었던 것으로 보입니다.

1920년대에는 독립운동이 사회주의 계열에서 있었다고 합니다. 비타협적 민족운동가, 타협적 민족운동가, 사회주의 독립운동가 이 중에서 가장 나쁜 사람은 일본과 타협한 민족운동가라고 보아야 합니다. 당시에는 사회주의 사상이 제2차 세계 대전 이후에 공산주의 이론을 따라서 우리나라를 공산주의 국가로 만들려고 한 것은 아니라고 합니다. 소위 말하는 계급투쟁을 한 것이 아닙니다.

우리나라 임시정부의 경우에는 공화제를 택하고 있습니다, 그 공화제는 국왕이 없다는 것이며 사회주의가 아닌 자본주의 사회를 전제하고 있다고 보아야 합니다. 그 당시에는 소련이 일본과 대립각을 세우고 서구 자본주의 국가의 편에 서 있었기 때문에 중국과 소련을 중심으로 독립운동을 하는 과정에서 활용 수단이라고 보는 것이 타당합니다.

조선독립군은 봉오동 전투와 청산리 전투에서 승리해 한껏 고무되어 있었습니다. 그러다가 1920년에 간도참변을 겪게 됩니다. 독립군에 패한 일본군이 간도에 있는 민간인을 모두 학살하는 잔인한 행동을 한 것입니다.

이에 독립군은 민간인이 학살되면 안 되기 때문에 러시아의 자유시로 이동하게 되었습니다. 그런데 그곳에서 러시아 공산당과의 관계에서 독립군 내부에서 복잡한 파벌이 있게 되었습니다. 그것은 봉오동 전투나 청산리 전투에 참여하지 않고 사회주의 계급투쟁을 주로 하는 독립군들도 자유시로 함께 이동했기 때문입니다.

이로 인해 당시에 상해파 공산당과 이르쿠츠파 공산당의 파벌이 있게 되었습니다. 홍범도 장군의 독립군은 상해파 조선의용군에 속해 있었으나 나중에는 이르쿠츠파로 이동을 했습니다.

소련에서는 상해파 공산당이든 이르쿠츠파 공산당이든 무장해제를 하고 자기들의 무기를 준다고 하면서 소련군으로 편입을 시키려고 했습니다. 그런데 상해파 공산당에 속해 있던 조선의용군은 이에 불복해 소련군에 의해 사살되는 사건이 발생하게 되었습니다. 그런데 당시 상황을 보면 소련군도 독립군들을 사살할 의도는 없었고 단지 무장해제를 시키려고만 했었습니다.

그리고 상해파 공산당들이 살해 당한 것도 독립군 간의 싸움이 아니라 러시아군에 의해 사살되었습니다. 또한, 아이러니하게도 소련과 언어소통이 되지 않아 죽게 되었다고 합니다.

이 얼마나 안타까운 일입니까?

홍범도 장군은 우리나라 독립군을 무장 해제시킨 자유시 참변에서 러시아 적군(赤軍)에 의해 이용당하고 상해파 공산주의자들이 피해를 본 것에 대해 한탄했습니다. 그리고 독립운동에 회의를 느끼고 살았습니다.

1927년에는 소련 공산당에 가입했는데 당시의 소련 공산당 지도자는 악랄한 스탈린이 아닌 레닌이었습니다. 레닌은 공산주의의 폐해를 극복하기 위해 자본주의를 도입하려다가 스탈린을 등장하게 만든 인물입니다.

홍범도는 무장 독립군의 영웅이었습니다. 그리고 소련의 중앙지역으로 강제 이주를 당하고 연금으로 간신히 자신의 생명을 연명했습니다. 홍범도는 당시 극장에서 청소하는 일을 했는데 그때 상영된 영화가 어떤 독립운동가의 활약에 관한 것이었는데 자세히 보니 그 영화의 주인공이 자신이었다고 합니다. 홍범도 장군은 오직 독립군을 사랑한 사람이었습니다. 홍범도 장군에 대한 팩트를 잘 확인하고 역사를 왜곡하는 일을 멈추어야 합니다.

홍범도 장군에 대해 지나치게 사회주의자라고 주장하는 것은 친일주의자들의 일방적인 왜곡입니다. 현재 우리나라에서 친일주의자들이 득세하고 극우로 나가는 것이 가장 큰 문제입니다.

기독교는 자본주의도, 사회주의도 아닙니다. 두 제도 모두 성경에서 나온 사상이지만 공산주의 사회에서 종교를 허용하지 않고 폭력혁명을 정당화하는 반면에 서구 사회는 대부분 교회에서 종교의 자유를 허락하고 있기 때문에 자본주의 사회를 선택합니다. 그러나 자본주의 사회 자체를 지나치게 신뢰해 이것이 하나님의 나라, 천국이라고 운동하는 세력과는 거리를 두어야 합니다.

중요한 것은 진실과 종교의 자유 그리고 사회정의의 실현, 경제의 성장입니다. 그것은 우리가 살아가는 데 매우 중요한 부분이라고 할 수 있습니다.

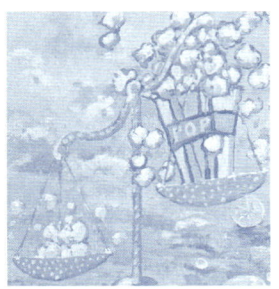

2. 국제평화주의

　우리는 평화로운 세상을 꿈꾸며 살아가고 있습니다. 누구나 평화를 원하며 갈등과 대립의 상황이나 싸움, 나아가 전쟁과 같은 상황이 발생하는 것을 원하지 않습니다.

　하나님께서는 우리 인간이 평화로운 가운데서 신앙생활을 하고 살아가기를 원하십니다. 우리는 평화로운 삶을 위해 노력해야 합니다. 이것은 우리 모두의 염원이자 의무입니다.

　먼저, 대한민국 헌법은 제5조 1항에서 "대한민국은 국제 평화의 유지에 노력하고 침략적 전쟁을 부인한다"라고 규정하고 있습니다. 이것은 국제평화주의를 실현하는 것입니다. 세계 각국이 침략적인 전쟁을 하면 안 됩니다. 이것이 세계의 평화를 실현하는 가장 좋은 길입니다.

　하나님과 예수님께서는 인간이 범죄한 이후에 야심과 욕심을 가지고 있는 것을 잘 알고 계십니다. 그리고 하나님이 원하시는 것은 이 세계가 하나님의 다스리심에 따라 평화롭게 움직이기를 원하십니다.

　만일 인류가 그렇게 되지 않는다면 그것은 인류 종말의 날이 될 것이고 성경에서 말씀하는 아마겟돈 전쟁이 될 수 있을 것입니다. 세계의 평화는 너무나도 중요합니다. 이것은 보편적인 이성을 가진 사람이라면 누구라도 동의할 것입니다.

　히틀러나 스탈린 그리고 지금 러시아의 푸틴에 의해 자행되는 침략적인 만행은 인류 평화를 파괴하는 것은 물론이고, 하나님의 법칙에 어긋나는 죄악된 행동입니다.

우리는 악행을 멈추고 하나님의 평화를 이루기 위해 노력해야 합니다. 그러나 그것은 예수 그리스도를 통해서 비로소 온전히 이루어질 수 있습니다. 인간의 힘으로는 진정한 평화를 누릴 수 없습니다.

> 지극히 높은 곳에서는 하나님께 영광이요 땅에서는 하나님이 기뻐하신 사람들 중에 평화로다 하니라(눅 2:14).

인간은 이성으로 평화를 이루려고 많은 노력을 했습니다. 프랑스혁명이나 마르크스 레닌의 공산당 선언 등 이상사회를 이루려고 노력했습니다. 그러나 근본적으로 인간의 죄 본성이 사라지지 않는 한 샬롬의 평화는 절대로 불가능합니다.

진정한 평화를 주시는 분은 예수 그리스도이십니다. 그분은 인류 전체의 삶에 평화를 주시기를 원하십니다. 그리고 그 평화는 그분이 이루어 놓으신 십자가를 통해서만 가능합니다.

인간에게 주신 일반은총과 보편적인 공동선을 통해서도 인류는 평화를 위해 노력하지만 인간의 근본적인 심성이 복음을 통해 변화되지 않는 한 절대로 완전한 평화는 이루어지지 않을 것입니다. 그러므로 진정한 평화는 십자가의 복음을 통한 자기 혁신, 자기 개혁, 예수혁명의 변화로만 가능한 것입니다.

세계 각국의 지도자 대부분은 자신의 속마음을 드러내지 않습니다. 그리고 그 야욕을 드러낼 시간이 되면 어김없이 침략의 마수를 뻗쳐냅니다. 그러나 인류사회의 보편적인 법칙, 국제법의 준칙을 벗어나는 행동을 하려고 해서는 안 될 것입니다.

성경의 구약 시대를 보면 바벨론(신바빌로니아)의 신하들이 히스기야 왕을 방문하러 왔습니다. 이미 북이스라엘은 앗수르(앗시리아)에 멸망했고 앗수르의 산헤립왕은 히스기야를 압박했습니다. 심지어 하나님을 모욕하며 이스라엘 백성에게 "히스기야가 하나님이 이스라엘 백성을 앗수르의 손에서 구원해 준다고 해도 믿지 말라 아무리 하나님이라고 해도 산헤립의 손에서 이길 수 없을 것이다"라며 망언을 했습니다. 이에 하나님께서는 천사를 보내셔서 하룻밤 사이에 18만 5천 명의 앗수르 군대를 무찔러 버리셨습니다.

그 후 신흥 강국 바벨론의 사신들이 히스기야왕을 방문했는데 히스기야왕은 그들의 침략 야욕도 알지 못한 채 유다 나라의 무기고를 모두 보여 주고 맙니다. 그리고 바벨론으로 돌아간 사람들은 유다를 침략하는 부메랑이 되어 돌아옵니다. 우리는 여기서 인간의 욕심은 끝이 없다는 것을 명심합시다.

이를 위해 다음과 같은 하나님 중심의 대비책을 생각해 볼 수 있습니다.

첫째, 하나님께 평화를 위해 기도합시다.

우리나라는 중국과 북한 그리고 일본의 틈바구니에서 샌드위치 신세입니다. 평화적인 국제관계를 위해 우주의 통치자가 되시는 하나님께 기도합시다. 그리고 복음의 증거만이 인간의 욕심을 분쇄하고 참된 평안과 평화를 가져올 수 있음을 명심합시다.

둘째, 동아시아의 평화를 위해 평화기구를 만듭시다.

모든 동아시아의 대표적인 국가가 모여 국제기구와 회의기구를 만들어 동아시아의 평화를 저해하는 국가에 대해 경제적 제재 및 무력 사용의 허용 등의 조치를 할 수 있도록 해 보면 어떨까요?

셋째, 침략 국가에 대한 배상도 허용할 수 있도록 합시다.

그러나 세계의 평화는 인간의 이성으로만 이루어질 수 없습니다. 하나님께서 도와주셔야 합니다. 우리나라가 독립하고 6.25 전쟁에서 승리할 수 있었던 것은 모두 하나님의 도우심이었습니다. 하나님께 기도합시다. 사탄을 물리칩시다. 인간의 탐욕을 개혁합시다.

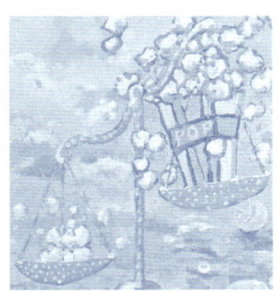

3. 그리스도인의 사회관

그리스도인은 영적인 삶을 추구합니다. 우리는 예수 그리스도를 통한 구원과 영원한 생명을 얻는 일에 관심을 가지고 살아갑니다. 그런데 한편으로 그리스도인도 사회적인 존재입니다. 따라서 사회 속의 삶을 무시하고 살아갈 수는 없습니다. 우리가 먼저 추구해야 할 것은 영적인 삶, 영원한 생명을 얻는 것 그리고 내세에 관한 관심이지만 사회에서의 삶에 대해서도 생각하고 어떻게 행동할 것인가 방향을 잡고 살아가야 합니다.

"얼마나 빨리 가느냐가 중요한 것이 아니라 어느 방향으로 가느냐가 중요하다"라는 말이 있습니다. 우리가 하나님 나라와 천국의 삶에 있어서 우리는 주님께서 가르쳐 주신 대로 영원한 천국을 바라보며 예배를 잘 드리고 영적인 삶 그리고 영성을 추구하면서 살아가야 합니다.

그러면 세상과 사회 속에서 그리스도인은 어떻게 살 것인가? 하는 문제가 남습니다. 현대 사회에 대해 신학적인 입장에서 역사적 전천년설과 무천년설의 대립이 있습니다만 이 모든 것을 차치하여 두고 저는 그리스도인의 삶은 온유한 삶, 인간의 존엄성을 존중하는 삶이라고 말씀을 드리고 싶습니다. 이것이 저는 어떠한 이념보다도 앞서야 한다고 생각합니다.

사실 우리 사회에서 많은 경우에 폭력과 범죄가 행해지는 경우가 많습니다. 최근 흉기 난동 사건이 있었습니다. 그리고 과거에는 정치적으로 사람에게 가한 폭력이 많이 있었습니다. 이것은 좌측과 우측 모두에게 있었습니다.

　예수 그리스도께서 우리에게 원하시는 삶은 온유한 삶이라고 생각합니다. 저는 온유한 삶이 참 좋습니다. 우리나라 국민이 평안하고 기쁨 가운데 신앙생활을 하는 것이 저는 좋습니다.

　최근에 육군 사관학교에서 홍범도 장군의 흉상을 철거해야 한다고 주장하고 광주광역시에서 추진하는 정율성 공원 조성 사업을 하지 말아야 한다고 주장합니다. 사실 우리가 우리나라 현대사를 살펴볼 때 폭력은 좌우 이데올로기 양측에서 모두 행해졌습니다. 그것은 공산당과 일본 제국주의에 의해 가해진 폭력을 말합니다.

　우리 크리스천도 양(兩) 세력에 의해 과거에 순교를 당한 일도 매우 많습니다. 그러나, 이제는 과거의 이념의 굴레에 얽매여 판단할 것이 아니라 사회주의자라고 하더라도 독립운동을 하신 분이면 독립운동가로 인정해 드리고 친일 한 사람이라 하더라도 6.25 전쟁에 참전하여 공을 세운 분이면 모두 그 공로를 인정하여 대한민국 국민의 일원으로서 그리고 나라에 공로를 세운 사람으로 인정하여 온유와 통합의 사회를 이루어 나가야 한다고 생각합니다.

　물론, 역사적으로 진정성이 있는 사과와 반성이 있어야 합니다. 그러나 이러한 일로 '역사바로세우기'를 주장을 하면서 양 세력이 서로 다툰다면 대한민국 사회는 끊임없는 평행선을 달리게 될 것입니다.

　그리스도인으로서 우리는 모든 폭력을 반대하고 인격을 존중하며 인권을 숭상하고 온유하고 통합적으로 사고하는 삶을 살아가기를 간절히 희망합니다.

4. 선한 사마리아인법

　누가복음 10장에 보면 예수님께서 선한 사마리아인을 비유로 말씀하신 내용이 기록되어 있습니다.
　어떤 사람이 예루살렘에서 여리고로 내려가다가 강도를 만나 큰 피해와 상처를 입어 거반 죽게 되었습니다. 그런데 그 곁을 지나가던 제사장과 레위인은 못 본 척하고 그냥 지나갑니다. 그리고 오직 이방인으로 취급받으며 천대를 당하던 사마리아 사람만이 자기 비용을 들여서 치료해 주는 이야기입니다.
　일반적으로 강도 만난 사람을 구해 주지 않는 것은 형법상으로는 죄가 되지 않습니다. 강도 만난 사람을 구조해 주어야 할 법적 의무가 없기 때문입니다. 형법은 법적 의무가 있음에도 불구하고 의무를 이행하지 않을 때 처벌하고 있습니다.
　형법적으로 말하면 강도 만난 사람을 구해 주어야 할 보증인적인 지위가 없으므로 제사장이나 레위인은 처벌이 되지 않습니다. 다만 입법례에 따라서는 선한 사마리아인 법을 규정하고 처벌하는 경우가 있습니다.
　대한민국의 형법은 형법적으로 의미 있는 행위가 있어야 처벌합니다. 그것은 일반적으로 범죄행위를 말합니다. 범죄행위에는 작위와 부작위가 있습니다. 작위라는 것은 어떠한 행위를 하여 범죄를 발생시키는 것입니다. 예를 들어 절도, 폭행, 상해 등이 있습니다. 부작위라는 것은 어떠한 행위를 해야 하는 의무에 있는 자가 행하지 않는 것을 말합니다. 예를 들어, 퇴거불응, 유기와 같은 것입니다.

선한 사마리아인에 관한 내용이 직접 적용이 된 법률이 응급의료에 관한 법률이라고 할 수 있습니다. 이 법에 따르면 응급조치했으나 재산상의 손해나 사상의 결과가 발생했다고 하더라고 고의 또는 중대한 과실이 없는 한 민사, 형사상의 책임을 지지 않는다고 규정하고 있습니다.

지난해에 일어난 이태원 참사와 관련해 이 법이 많이 논의되고 있습니다. 이 법에 따를 때 위험한 처지에 있는 사람을 심폐소생술과 같은 응급처치를 한 경우에 처벌이 되지 않는다는 것이 핵심이라고 할 수 있습니다.

특정범죄 가중처벌법상의 도주차량 운전자 가중처벌에 관한 법은 작위와 부작위가 모두 포함이 되어 있는 법이라고 할 수 있습니다. 우리가 일상적으로 차량을 운전하고 다닙니다. 차량이 우리에게 편리함을 주기도 하지만 때로는 차량이 무기가 되는 경우가 있습니다.

제가 목회하는 교회에 나오시는 분들에게 두 번이나 이와 관련된 일이 있었습니다. 한번은 오래전에 목회하던 교회의 집사님 부부가 트럭에다가 짐을 싣고 장이 열리는 곳을 다니면서 이런저런 물건을 파셨습니다. 어느날 새벽 무렵 일찍 장성에 도착해 자리를 잡고 장사할 요량으로 광주광역시 송정 쪽에서 전라남도 장성 방향 시골길을 열심히 달리고 있었습니다. 그런데 새벽 시간이라 어두워 길이 잘 보이지 않아서 노인 한 분을 그만 차로 치고 말았습니다. 심하게 다치지는 않았지만 내려서 확인을 하지 않고 그냥 놔두고 장성장터로 가버렸습니다. 그 사이에 경찰에 신고가 되었고, 이 집사님 부부는 그 사실을 모르고 다시 그 장소로 돌아갔습니다. 그러나 이미 신고해 경찰이 출동한 뒤였습니다. 이분들은 특가법에 위반되어 처벌받았습니다.

또 한번은 제가 최근에 사역하는 교회에 나이 드신 은퇴 장로님께 있었던 일입니다. 장로님이 길을 가다가 트럭에 부딪혀 다치게 되었습니다. 그런데 트럭 운전자가 내려서 괜찮냐고 물어보더니 그냥 가버린 것입니다. 제가 장로님에게 "이러한 경우는 뺑소니입니다"라고 말씀드렸고 장로님이 경찰에 신고하여 가해자는 특가법에 위반되어 처벌받았습니다. 다만 처벌을 면하기 위해 형사와 민사상의 합의를 했습니다. 형사합의금을 어떻게 산정할 것인가에 대해 교통사고 전문 변호사님에게 물어보니 보통 전치 1주당 100만 원을 받는다고 했습니다. 그리고 민사상으로 치료비와 확대손해가 발생하는 경우의 배상금을 산출했습니다.

문제가 되는 행위의 조문은 다음과 같습니다.

> 제5조의3(도주차량 운전자의 가중처벌) ① 「도로교통법」 제2조에 규정된 자동차·원동기장치자전거의 교통으로 인하여 「형법」 제268조의 죄를 범한 해당 차량의 운전자(이하 "사고운전자"라 한다)가 **피해자를 구호(救護)하는 등 「도로교통법」 제54조제1항에 따른 조치를 하지 아니하고 도주한 경우**에는 다음 각 호의 구분에 따라 가중 처벌한다.
> (1) 피해자를 사망에 이르게 하고 도주하거나, 도주 후에 피해자가 사망한 경우에는 무기 또는 5년 이상의 징역에 처한다.
> (2) 피해자를 상해에 이르게 한 경우에는 1년 이상의 유기징역 또는 500만원 이상 3천만원 이하의 벌금에 처한다.
>
> 도로교통법 제54조(사고발생 시의 조치) ① 차 또는 노면전차의 운전 등 교통으로 인하여 사람을 사상하거나 물건을 손괴(이하 "교통사고"라 한다)한 경우에는 그 차 또는 노면전차의 운전자나 그 밖의 승무원(이하 "운전자등"이라

한다)은 **즉시 정차하여 다음 각 호의 조치를 하여야 한다.** 〈개정 2014. 1. 28., 2016. 12. 2., 2018. 3. 27.〉

(1) **사상자를 구호하는 등 필요한 조치**

(2) **피해자에게 인적 사항**(성명·전화번호·주소 등을 말한다. 이하 제148조 및 제156조 제10호에서 같다) **제공.**

우리가 주목하고 기억해야 할 사실은 자동차로 사람을 다치게 하는 경우는 반드시 차량에서 내려 그 사람을 구호 조치해야 한다는 것입니다. 그리고 경미(輕微)한 사안의 경우라고 하더라도 연락처를 반드시 남겨야 합니다. 그렇게 하지 않는 경우는 뺑소니가 되어 특가법에 해당하고 가중처벌을 받게 된다는 점을 명심하시기를 바랍니다.

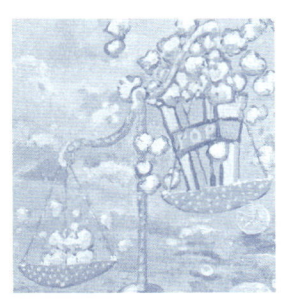

5. 후쿠시마 원전 오염수에 대한 대책

　최근 일본의 후쿠시마 원전 오염수 방류가 큰 문제가 되었습니다. 후쿠시마 오염수 문제는 2011년 지진으로 인해 원전 사고가 생겼고, 이로 인해 원자로에서 오염수가 계속해서 흘러나와 문제가 생기게 된 것입니다. 일본 정부는 매설 방식을 통해 오염수를 보관했지만, 공간의 확보에 한계가 있다고 해서 2021년도에 후쿠시마 원전 오염수를 바다에 방류하는 것으로 결정했습니다.
　일본의 후쿠시마 원전 오염수 배출을 아무런 조치 없이 그냥 놔둬도 되는 것일까요?
　그렇지 않다고 봅니다. 방류하지 못하도록 이해 당사국들의 적극적인 대처가 필요합니다. 왜 일본은 다른 국가들에 피해를 주는 행동을 하려고 하는지 모르겠습니다.
　오염수를 자기들의 땅에 매설하거나 원자력 시설을 폐기하고 대안으로 전력을 생산해야 하지 않을까요?
　오염수를 다른 곳에 매설하는 방식이 대안으로 있는데도 굳이 바다에 방류하려고 하는 것은 악한 행동이라고 할 수 있습니다. 그뿐만 아니라 하나님께서 만드신 창조 법칙에 명백히 어긋나는 행동입니다. 하나님께서 창조 질서를 보존하라고 하셨지 일본처럼 다른 국가에 피해를 주면서까지 자국의 이익을 위해 행동하라고 하지 않으셨습니다. 이것은 공공의 적에 가까운 행동으로 보입니다.
　앞으로 수산물을 안전하게 먹을 수 있겠습니까?

후쿠시마 원전 물질을 정화해도 정화되지 않는 물질이 많이 남아 있어 환경오염이 예상되고 특히 삼중수소는 인간의 DNA에 심각한 변형을 가져와 기형아를 출산할 우려가 있습니다. 그뿐만 아니라 태평양 연안에 속한 나라들에 피해를 주게 되어 그 피해 범위가 매우 광범위합니다.

　일본학자나 정치인들의 긍정적 주장을 차치해 두고 국내에서도 괜찮다는 원자력 학자들의 견해가 있기는 합니다. 우리가 일본 오염수 대량 방류를 반대하는 이유는 그 방출량이 많은 것도 문제입니다만 왜 자국이 떠안아야 할 위험부담을 인류 전체에 떠넘기는가의 문제입니다.

　그리고 현재까지 오염수 방출에 대해 동의를 구한 국가는 미국뿐입니다. 우리는 일본의 원전 오염수 방류를 막아야 하는데 시간이 별로 많지 않습니다. 일본은 현재 IAEA 사찰을 이유로 타국의 오염수 채취를 금지하고 있습니다. 국제기구의 검증을 믿을 수 있는지도 의문입니다.

　그리고 국제기구 검증에 관련 당사국들의 참여가 당연히 보장되어야 합니다. 이것은 인류 공존의 문제입니다. 일본이 오염수를 배출할 경우에 우리나라 민법상으로는 방해배제청구권을 행사할 수 있습니다.

> 민법 제214조(소유물방해제거, 방해예방청구권) 소유자는 **소유권을 방해하는 자에 대하여 방해의 제거를 청구**할 수 있고 소유권을 방해할 염려있는 행위를 하는 자에 대하여 그 예방이나 손해배상의 담보를 청구할 수 있다.

일본의 오염수 배출에 대한 다음과 같이 제시해 봅니다.

첫째, 인접 국가의 연대를 통해 외교적 압박을 가하고 방출을 막아야 합니다.

둘째, 일본이 오염수 시료 채취를 허용하지 않는 한 오염수 방출을 절대로 허용해서는 안 됩니다.

셋째, 일본은 오염수 방류 대신에 오염수를 안전하게 처리할 수 있는 대안을 속히 개발하고 인접국에 제시해야 할 것입니다. 예를 들어, 오염 물질의 지상 매설이나 공중분해 같은 것을 들 수 있습니다.

넷째, 일본의 오염수 배출을 막기 위해 국제사회에서 호소해 공감대를 얻고 함께 연대해 오염수 방류를 막는 방법도 필요하다고 봅니다.

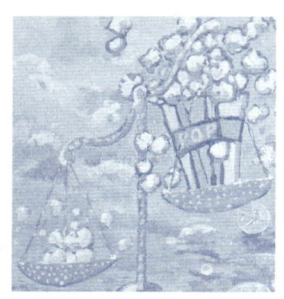

<백련마을 팝콘목사> 김현우 作

에필로그

저는 광주광역시에서 부교역자로 10년간 사역을 했습니다. 하나님께서 일정한 직업도 없이 방황하는 인생을 부르셔서 하나님의 사역자, 주의 종으로 부르셨습니다.

송정중앙교회는 제가 평신도 시절부터 16년을 다닌 교회입니다. 저는 서울특별시에서 광주광역시로 내려와 결혼하고 아내와 함께 박덕기 목사님이 시무하시는 송정중앙교회에 출석하게 되었습니다. 교회를 다닐 초기에 저는 사법시험에 낙방해 마음의 병을 앓고 있었습니다. 불안장애와 불면증으로 고생을 많이 했습니다.

박덕기 목사님은 저희 부부를 그리스도의 사랑으로 대우해 주시고 교회 성가대에서 봉사하게 하셨습니다. 그리고 아픈 저를 위해 친히 집까지 찾아와 주셔서 안수기도해 주셨습니다, 그때 저희 육신의 아버지가 살아 계셨는데 아버지에게도 복음을 전해 주셔서 훗날 예수님을 믿고 소천할 수 있는 기반이 되었습니다.

제가 무직으로 힘든 생활을 할 때 아내가 김치공장의 관리자로 일을 했는데 송정중앙교회에서 아내 공장에서 생산한 김치를 아무런 조건 없이 구매해 주셨습니다. 가난하고 불쌍한 성도를 돌보아 주시는 아버지와 같은 사랑을 베풀어 주셨습니다.

저는 사역자로 부름을 받고 송정중앙교회에서 전도사, 강도사, 부목사, 교육 목사로 섬기게 되었습니다. 어려울 때 저를 사역자로 세워주시고 가르쳐 주셨습니다. 저는 유초등부 설교사역, 금요 철야, 새벽기도, 주일 1부 예배 설교를 다른 부목사님들과 함께 수고하게 되었습니다. 그때 만난 박덕기 담임목사님은 평신도 때와는 다른 엄격한 선생님과 같은 모습을 하고 계셨습니다. 설교에 대해 잘 가르쳐 주시면서도 엄격하게 훈련하셨습니다. 특히, 본문을 중심으로 한 내용이 충실한 설교를 배울 수 있었습니다.

　이후 성산교회에 부목사로 부임하게 되었는데 박청구 목사님은 기도의 영성이 대단한 분이셨습니다. 특히, 선교의 열정 또한 남달라 열두 지역의 선교사님을 돕고 계셨습니다. 성산교회에서 저는 전도 훈련을 받게 되었습니다. 밖에 야전 텐트를 치고 부침개를 지지며 전도하는 훈련을 많이 받았습니다. 학생들을 아이스크림으로 전도해 많은 어린이가 하나님께로 돌아오는 역사가 있었습니다.

　성산교회는 가족처럼 정이 있는 교회입니다. 박청구 목사님은 프로그램을 잘 만드셔서 성산교회 성도님들이 서로 친목을 잘할 수 있도록 이끄는 능력이 있었습니다. 체육대회와 소풍 그리고 노인 행복학교 등 즐거웠던 시간이 생각납니다.

　그 후에 부목사로 부임을 한 곳이 광주 기독대학인회(ESF) 대표이자, 전국 기독대학인회 대표까지 지내신 한의수 목사님이 시무하시는 문흥장로교회였습니다. 한의수 목사님은 설교의 대가(大家)답게 설교를 잘하셨습니다. 저는 송정중앙교회에서 박덕기 목사님에게 설교 훈련을 받고 한의수 목사님을 통해 저 자신만의 설교에 대해 배우게 되었습니다.

　저를 아들처럼 여겨주셨던 한의수 목사님은 제가 늘 탐독했던 로마서 강해서인 『구원의 감격』 저자이시기도 했습니다. 목사님과의 성경공부를 통해 저자의 강의를 직접 들을 수 있어서 감사했습니다. 문흥장로교회에서는 지성인들과 함께 설교하고 영적으로 교제를 나누는 기회가 되어 좋았습니다. 교회 구성원 대부분 광주교육대학교 출신 선생님이었고, 광주 기독대학인회 출신이 많았습니다. 지성인과 대화하며 세상과 정치에 관해 이야기하는 기회도 즐거운 시간이었던 것 같습니다.

광주광역시에서 부교역자 생활을 마치고 저는 완도읍 장좌리에 있는 완도소망교회라는 곳으로 담임목사로 부름을 받게 되었습니다. 완도읍 장좌리 동네는 신라 시대 해상왕 장보고가 활동을 했던 곳이고, 그곳에는 장보고 사당이 있었습니다. 장보고 기념관이 있는 곳이기도 합니다. 성도는 약 20명 정도 되었고, 마을에는 약 300명 정도 살았습니다.

저는 교회의 부흥을 위해 장로님, 성도님들과 새벽마다 기도했고, 물티슈를 나눠주며 전도했습니다. 그러나 시골교회 특성상 그리 많은 성도가 교회에 오지 않았습니다. 작은 시골교회이지만 첫 담임 목회지에서 저와 아내는 성도님들을 내 자식처럼 최선을 다해 도우려고 노력했습니다. 아내는 신시사이저(synthesizer) 반주자로 섬기며 식사 준비와 선물로 성도님들을 돕고 형편을 살폈습니다.

하나님께서는 우리의 필요를 아시고 더 세밀하게 공급해 주셨습니다. 저희 동생의 아내 제수씨가 다니는 회사에 신우회가 있었는데 그 신우회 회장님이 광주광역시 운남월광교회 안수집사님이었습니다. 이분이 담임목사님과 함께 낙도 선교를 많이 하신 분이셨습니다. 운남월광교회의 도움으로 완도소망교회 외벽 페인트칠을 멋지게 할 수 있었습니다.

그리고 노후화된 사택도 모두 수리할 수 있었습니다. 최고급 샷시(새시, sash)로 창문틀을 교체해서 참으로 보기 좋았고 강추위에도 견딜 수 있어서 일 년 전의 힘들었던 시간이 주마등처럼 지나갔습니다.

제가 처음 교회에 부임했을 당시에는 사택 여기저기 서까래에 구멍이 뚫려 있었고 찬 바람이 매우 심하게 불었습니다. 더군다나 저녁 시간이어서 집의 구조가 어떻게 되며 주택 외부의 전깃불은 어떻게 켜는지 알 수 없고 보일러도 어디에 있는지 알 수 없었습니다.

저와 아내 그리고 딸, 아들이 교회에 담임목사님이 되었다고 좋아하고 있었는데 11월 30일경의 매서운 추위, 더군다나 완도읍 장좌리 바닷가의 바람은 추위를 더욱더 심화시켰습니다. 온 가족이 외투를 입고 잤고 추위에 입이 돌아갈 정도로 정말 추위 속에서 고생했던 기억이 납니다. 그리고 아내는 광주에서 직장생활을 해서 금요일 저녁에 교회에 왔습니다. 저는 밥을 혼자 해서 먹었습니다.

어느 날 추운 방에서 설교 준비를 하는데 책상 위로 뭔가 큰 생물체가 지나갔습니다. 자세히 보니 지네였습니다. 저는 그때까지 지네가 있다는 것을 알기는 했지만, 지네를 직접 맞닥뜨리지는 않았습니다. 저는 밤 10시에 두려운 마음이 들었습니다. "추위와 지네" 이것은 저의 사역을 방해하는 사탄의 세력이었습니다. 저는 도전과 응전을 생각하며 도전에 대해 응답했습니다.

'그래 한번 해 보자!'

저는 텐트를 사서 지네를 막았습니다. 그리고 추위도 약간은 막을 수 있었습니다. 그런데 날씨가 무더웠던 어느 여름날 너무 더워 텐트 밖에서 잠깐 잠을 자고 있는데 바로 그때였습니다. 지네 녀석이 와서 저의 발가락을 물고 도망갔습니다. 약간 따끔하기는 하지만 괜찮았습니다. 그리고 그 후 또 지네에 물렸고 옷걸이에 걸어둔 옷에도 지네가 나타나 옷을 입다가 옷에서 지네가 나오기도 했습니다. 이러한 어려움도 감사하게도 운남월광교회에서 도와주셔서 사택을 수리할 수 있었습니다.

완도소망교회에는 다리를 쓰지 못하는 93세의 앉은뱅이 집사님이 계셨습니다. 연로하시고 병든 집사님의 다리를 어루만지며 아내와 저는 수없이 치유를 위해 기도했습니다. 사람이 나이가 들어도 고기(肉)를 섭취해야 하는데 이분은 고기를 좋아하지 않아 잘 드시지 않았고, 근육이 힘을 쓰지 못해 일어나는 것도 앉아 있는 것도 힘드셨습니다.

이렇게 극심한 고통 가운데서 기어다니며 밥을 해 드시는 성도님을 보며 노인의 슬픔과 외로움을 보게 되었습니다. 처음 담임목사님이 되어서 부족하기는 했지만, 성도 한 명 한 명을 소중히 여기는 아버지와 같은 마음을 갖게 해 주셨습니다.

완도에서 사역할 때 고난 중에 있었지만, 하나님께서 부족한 자를 쓰셔서 교회 외벽 공사, 교회 사택 수리, 교회 재정의 충족 등의 역사를 이루어 주셨습니다. 그리고 그 후 진도 읍내에 있는 늘푸른교회에서 부교역자 사역을 다시 하게 되었습니다. 늘푸른교회에서는 기도의 영성에 관해 배우게 되었습니다. 박시구 담임목사님은 항상 하나님을 의지하려고 노력하시는 분이셨습니다. 예배 시간 1시간 전에 나오셔서 그렇게 하나님께 도와주시라고 그리고 예배를 위해 간절히 기도하시는 분이셨습니다.

그리고 목사님과 함께 심방을 다니게 되었는데, 어려운 성도들의 형편을 돌아보았고 잃어버린 양을 찾아서 전하는 능력의 말씀을 듣고 배우게 되었습니다. 사모님은 몸이 불편하셔서 아내와 제가 목사님과 사모님을 돕는 기회가 되었습니다. 저는 가난하고 불쌍한 성도를 돌아보고 기도를 자주 해 주었습니다.

그 후 저는 백련교회로 부르심을 받게 되었습니다. 완도와 진도를 거쳐 신안으로 오게 되었습니다. 백련교회는 신안군 지도읍 감정리(백련동)에 자리잡고 있습니다. 저와 제 아내는 백련교회에 작년 7월에 부임했습니다. 하나님께서 다시 담임목사의 길을 여신 것입니다. 백련교회는 작은 시골교회이지만 교회의 역사는 80년이 되는 교회입니다.

신안 지도읍과 증도, 임자도는 6.25 전쟁 전에 선교 활동을 하신 문준경 전도사님의 영향을 받아 목회자에 대한 인식이 매우 좋습니다. 그리고 복음화율이 전국에서 가장 높은 곳이기도 합니다. 특히, 증도는 문준경 전도사님이 순교하신 곳으로 예수님을 믿는 신자가 매우 많습니다. 문준경 전도사님의 영향을 받은 인물로 대학생선교회 CCC 총재를 지내신 김준곤 목사님이 있습니다. 그리고 치유 상담 분야의 대가라고 할 수 있는 정태기 목사님 등이 있습니다.

김준곤 목사님이 젊어 세운 교회가 봉리교회인데, 봉리교회 성도님들이 6.25 전쟁 중에 저희 백련교회에서 예배를 드린 기록이 있습니다. 제가 있는 백련마을은 조선 시대 사화로 멸문지화(滅門之禍)를 당할 뻔 했던 금성나씨 가문이 이곳 지도읍 백련동에 정착함으로 생겨난 마을입니다. 그들의 조상 중에는 이순신 장군 시대에 거북선을 제조한 나대용 장군이 있다고 합니다. 마을 중앙에 연못이 있고 과거에는 거기에 하얀 연꽃이 핀다고 해서 백련마을이라고 했다고 합니다.

우리 교회는 재적 성도가 20명 정도 되는 데 우리 교회 안수집사님이 백련마을의 이장입니다. 그러니까 장로교를 가장 잘 실천하고 있는 교회라고 볼 수 있습니다. 세상에는 이장님으로, 교회에서는 안수집사님으로 활동을 하고 있습니다. 안수집사님의 일화가 있습니다. 사실 우리 교회는 재정적으로 넉넉하지 못합니다. 후원을 받아서 아직은 재정적인 자립이 되어 있지 않습니다.

그런데 예배 시간에 PPT를 열기 위해서는 노트북이 필요했습니다. 저는 노트북을 가지고 있지 않아서 "집사님 노트북을 구입해야겠습니다"라고 말씀을 드렸습니다. 그리고 나서 옛날에 노트북을 샀던 기억이 나서 '40만 원 정도면 되겠지'라고 생각했습니다. 실제로 그 가격에 사려고 아는 분을 통해 알아보았습니다. 그런데 그 가격의 노트북은 성능이 좋지 않다고 했습니다.

저는 고민이 많이 되었습니다. '그래도 우리 교회는 재정이 어렵기에 그 정도로 해야지' 하고 생각을 하고 있었습니다. 그런데 집사님을 읍내

농협 앞에서 뵈었는데 집사님에게 "쓸만한 것을 사려면 80만 원 정도는 든다고 합니다"라고 말씀을 드렸더니 집사님이 이렇게 말씀하셨습니다.

"하나님께 예배드리는 것이니까 최고로 좋은 것 사시오. 잉~"

저는 정말로 감동하게 되었습니다.

"아~ 안수 집사님의 마음에 하나님을 사랑하는 마음이 있구나!"

정말 멋진 분입니다.

최근에는 컴퓨터 모니터를 본인 돈으로 구매해서 저에게 가져다주셔서 제가 교회 사무실에서 잘 사용을 하고 있습니다.

저는 이곳에서 매일 주일 오전 예배 말씀을 준비하는 일에 최선을 다하고 있습니다. 하나님의 말씀을 일주일 한 번씩 최선을 다해 선포하고 영의 양식을 성도님들에게 선포하는 일은 매우 즐거운 일입니다.

우리 교회는 아직 재정적인 자립이 되어 있지 않습니다. 많은 분이 도움을 주고 있습니다. 특히, 서울특별시 강남구 역삼동에 위치하고, 한규삼 목사님께서 시무하시는 충현교회에서 우리 교회를 많이 도와주십니다. 올해 여름 몹시 무더운 날 충현교회 1교구 전도회 회원들이 우리 교회를 방문하셔서 기도해 주셨습니다.

윤순규 장로님, 이기영 부목사님, 안수집사님 그리고 여러 권사님이 수고를 무릅쓰고 서울에서 신안까지 달려오셨습니다. 지금도 선교회에서 계속 우리 교회를 위해 기도해 주시고 물질적으로 후원해 주십니다. 저도 새벽마다 충현교회를 위해 기도하고 또한 우리 교회 성도님들 그리고 제가 아는 성도님들을 위해 기도하는 일을 잊지 않습니다.

저는 과거에 세상 정치를 하고 싶었지만, 하나님께서는 저를 주님의 종으로 부르셔서 사용하셨습니다. 부족한 자를 쓰셔서 주의 역사를 이루신 하나님께 영광을 돌립니다.